RECETAS ITALIANAS 2022

AUTÉNTICAS RECETAS DE LA TRADICIÓN ITALIANA

JORGE MIRO

TABLA DE CONTENIDO

Chuletas de cerdo marinadas a la parrilla 10

Costillas, Estilo Friuli 12

Costillas con Salsa de Tomate 14

Costillas especiadas, estilo toscano 16

Costillas y Frijoles 18

Chuletas de cerdo picantes con pimientos en escabeche 20

Chuletas de Cerdo con Romero y Manzanas 22

Chuletas de cerdo con salsa de champiñones y tomate 24

Chuletas de Cerdo con Porcini y Vino Tinto 26

Chuletas de cerdo con repollo 28

Chuletas de Cerdo con Hinojo y Vino Blanco 30

Chuletas de cerdo, estilo pizzero 32

Chuletas de cerdo, estilo Molise 34

Solomillo de cerdo glaseado con balsámico con rúcula y parmigiano 36

Solomillo de cerdo a las hierbas 39

Solomillo de cerdo a la calabresa con miel y chile 41

Cerdo Asado con Patatas y Romero 44

Lomo de Cerdo al Limón 46

Lomo de Cerdo con Manzanas y Grappa 49

Cerdo Asado con Avellanas y Nata 51

Lomo de cerdo toscano ... 54

Paletilla de cerdo asada con hinojo ... 56

Cochinillo asado ... 58

Asado de lomo de cerdo deshuesado y especiado ... 61

Paletilla de cerdo a la brasa en leche ... 64

Paletilla de cerdo braseada con uvas ... 66

Paleta de cerdo a la cerveza ... 68

Chuletas de Cordero al Vino Blanco ... 70

Chuletas de Cordero con Alcaparras, Limón y Salvia ... 72

Chuletas de cordero crujientes ... 74

Chuletas de Cordero con Alcachofas y Aceitunas ... 76

Chuletas de Cordero con Salsa de Tomate, Alcaparras y Anchoas ... 78

Chuletas de cordero "quemar los dedos" ... 80

Cordero a la brasa, estilo Basilicata ... 82

Brochetas de Cordero a la Parrilla ... 84

Estofado de Cordero con Romero, Menta y Vino Blanco ... 86

Estofado de Cordero de Umbría con Puré de Garbanzos ... 89

Cordero estilo cazador ... 92

Guiso de Cordero, Papa y Tomate ... 95

Guiso de Cordero y Pimienta ... 97

Cazuela De Cordero Con Huevos ... 99

Cordero o cabrito con patatas, estilo siciliano ... 102

Cazuela de papas y cordero de Apulia 105

Pierna de Cordero con Garbanzos 108

Pierna de Cordero con Pimientos y Prosciutto 110

Pierna de Cordero con Alcaparras y Aceitunas 113

Pastelería de tarta salada 115

Tarta de espinacas y ricotta 118

Tarta de puerro 120

Sándwiches de mozzarella, albahaca y pimiento asado 122

Sándwiches de espinaca y robiola 124

Sándwich Riviera 126

Sándwiches triangulares de atún y pimiento asado 129

Sándwiches triangulares de jamón y higos 131

Manzanas Horneadas Amaretto 133

Pastel de manzana de Livia 136

Albaricoques en almíbar de limón 139

Bayas con Limón y Azúcar 141

Fresas con Vinagre Balsámico 143

Frambuesas con Mascarpone y Vinagre Balsámico 145

Cerezas en Barolo 147

Castañas asadas calientes 149

Conservas de higos 151

Higos bañados en chocolate 153

Higos en almíbar de vino 155

Higos horneados de Dora 157

Honeydew en almíbar de menta 159

Naranjas en Almíbar de Naranja 160

Naranjas Gratinadas con Zabaglione 162

Melocotones Blancos en Asti Spumante 164

Duraznos al vino tinto 165

Melocotones Rellenos De Amaretti 166

Peras en Salsa de Naranja 168

Peras con Marsala y Crema 170

Peras con salsa tibia de chocolate 172

Peras especiadas con ron 174

Peras Especiadas con Pecorino 176

Peras Escalfadas con Gorgonzola 179

Pastel de pudín de pera o manzana 181

Compota de frutas tibia 184

Fruta Caramelizada Veneciana 186

Fruta con Miel y Grappa 188

Ensalada de fruta de invierno 190

Fruta de verano a la parrilla 192

Ricotta tibia con miel 194

Café ricotta 195

Mascarpone y melocotones 197

Espuma de Chocolate con Frambuesas 199

Tiramisu 201

Tiramisú de fresa 204

Bagatela italiana 206

Sabayón 208

Zabaglione de chocolate 210

Zabaglione frío con frutos rojos 212

Gelatina de limón 214

Gelatina de Ron Naranja 216

Chuletas de cerdo marinadas a la parrilla

Braciole di Maiale ai Ferri

Rinde 6 porciones

Esta es una gran receta para cenas rápidas de verano. Para comprobar si las chuletas de cerdo están cocidas, haga un pequeño corte cerca del hueso. La carne aún debe estar ligeramente rosada.

1 taza de vino blanco seco

1/4 taza de aceite de oliva

1 cebolla pequeña, finamente rebanada

1 diente de ajo finamente picado

1 cucharada de romero fresco picado

1 cucharada de salvia fresca picada

6 chuletas de lomo de cerdo cortadas al centro, de aproximadamente 3/4 de pulgada de grosor

Rodajas de limón, para decorar

1. Combine el vino, el aceite, la cebolla, el ajo y las hierbas en una fuente para hornear lo suficientemente grande como para

mantener las chuletas en una sola capa. Agregue las chuletas, cubra y refrigere por al menos 1 hora.

2. Coloque una parrilla para barbacoa o parrilla a unas 5 pulgadas de la fuente de calor. Precaliente la parrilla o el asador. Seque las chuletas con toallas de papel.

3. Asa la carne de 5 a 8 minutos o hasta que esté bien dorada. Dé la vuelta a las chuletas con pinzas y cocine por el otro lado durante 6 minutos, o hasta que estén doradas y ligeramente rosadas cuando se cortan cerca del hueso. Sirva caliente, adornado con rodajas de limón.

Costillas, Estilo Friuli

Spuntature di Maiale alla Friulana

Rinde de 4 a 6 porciones

En Fruili, las costillas se cuecen a fuego lento hasta que la carne esté tierna y se desprenda del hueso. Sírvelos con puré de papas o un risotto simple.

2 tazas caseras Caldo de carne o caldo de res comprado en la tienda

3 libras de costillas de cerdo, cortadas en costillas individuales

3 1/4 taza de harina para todo uso

Sal y pimienta negra recién molida

3 cucharadas de aceite de oliva

1 cebolla grande picada

2 zanahorias medianas, picadas

1 1/2 taza de vino blanco seco

1. Prepara el caldo, si es necesario. Seque las costillas con toallas de papel.

2. En un trozo de papel encerado, combine la harina, la sal y la pimienta al gusto. Enrolle las costillas en la harina y luego agítelas para eliminar el exceso.

3. En una cacerola ancha y pesada, calienta el aceite a fuego medio. Agregue tantas costillas como quepan cómodamente en una sola capa y dórelas bien por todos lados, aproximadamente 15 minutos. Transfiera las costillas a un plato. Repita hasta que todas las costillas estén doradas. Escurra todo menos 2 cucharadas de grasa.

4. Agrega la cebolla y las zanahorias a la sartén. Cocine, revolviendo ocasionalmente, hasta que esté ligeramente dorado, aproximadamente 10 minutos. Agregue el vino y cocine 1 minuto, raspando y mezclando los trozos dorados en el fondo de la sartén con una cuchara de madera. Regrese las costillas a la sartén y agregue el caldo. Lleva el líquido a fuego lento. Reduzca el fuego a bajo, cubra y cocine, revolviendo ocasionalmente, aproximadamente 1 hora y media, o hasta que la carne esté muy tierna y se desprenda de los huesos. (Agregue agua si la carne se seca demasiado).

5. Transfiera las costillas a una fuente para servir tibia y sirva inmediatamente.

Costillas con Salsa de Tomate

Spuntature al Pomodoro

Rinde de 4 a 6 porciones

Mi esposo y yo comimos costillas como estas en una osteria favorita, un restaurante informal de estilo familiar en Roma llamado Enoteca Corsi. Solo abre para el almuerzo y el menú es muy limitado. Pero todos los días se llena con hordas de trabajadores de oficinas cercanas atraídos por sus precios muy justos y su deliciosa comida casera.

2 cucharadas de aceite de oliva

3 libras de costillas de cerdo, cortadas en costillas individuales

Sal y pimienta negra recién molida

1 cebolla mediana, finamente picada

1 zanahoria mediana, finamente picada

1 costilla de apio tierna, finamente picada

2 dientes de ajo finamente picados

4 hojas de salvia, picadas

1/2 taza de vino blanco seco

2 tazas de tomates triturados enlatados

1. En un horno holandés o en una cacerola ancha y pesada, caliente el aceite a fuego medio. Agregue las costillas lo suficiente para que quepan cómodamente en la sartén. Dorarlos bien por todos lados, unos 15 minutos. Transfiera las costillas a un plato. Espolvorear con sal y pimienta. Continúe con las costillas restantes. Cuando todo esté listo, retire con una cuchara todo menos 2 cucharadas de grasa.

2. Agregue la cebolla, la zanahoria, el apio, el ajo y la salvia, y cocine hasta que se ablanden, aproximadamente 5 minutos. Agregue el vino y cocine a fuego lento durante 1 minuto, revolviendo con una cuchara de madera y raspando y mezclando los trozos dorados en el fondo de la sartén.

3. Regrese las costillas a la sartén. Agrega los tomates, sal y pimienta al gusto. Cocine de 1 a 11/2 horas, o hasta que las costillas estén muy tiernas y la carne se desprenda de los huesos.

4. Transfiera las costillas y la salsa de tomate a un plato para servir y sirva inmediatamente.

Costillas especiadas, estilo toscano

Spuntature alla Toscana

Rinde de 4 a 6 porciones

Con amigos de la empresa de aceite de oliva Lucini, visité la casa de los olivareros en la región de Chianti en la Toscana. Nuestro grupo de periodistas almorzó en un olivar. Después de varias bruschette y salami, nos sirvieron bistec, salchichas, costillas y verduras, todo asado sobre esquejes de vid. Las costillas de cerdo marinadas en un sabroso aderezo de aceite de oliva y especias trituradas eran mis favoritas, y todos intentamos adivinar qué había en la mezcla. La canela y el hinojo eran fáciles, pero a todos nos sorprendió saber que otra especia era el anís estrellado. Me gusta usar pequeñas costillas de cerdo para esta receta, pero las costillas de cerdo también estarían bien.

2 anís estrellado

1 cucharada de semillas de hinojo

6 bayas de enebro, ligeramente trituradas con el costado de un cuchillo pesado

1 cucharada de sal marina fina o kosher

1 cucharadita de canela

1 cucharadita de pimienta negra finamente molida

Pizca de pimiento rojo triturado

4 cucharadas de aceite de oliva

4 libras de costillitas, cortadas en costillas individuales

1. En un molinillo de especias o licuadora, combine el anís estrellado, el hinojo, el enebro y la sal. Muela hasta que esté fino, aproximadamente 1 minuto.

2. En un tazón grande y poco profundo, combine el contenido del molinillo de especias con la canela y el pimiento rojo y negro. Agrega el aceite y revuelve bien. Frote la mezcla por todas las costillas. Coloca las costillas en el bol. Cubra con una envoltura de plástico y refrigere 24 horas, revolviendo ocasionalmente.

3. Coloque una parrilla para barbacoa o parrilla a unas 6 pulgadas de la fuente de calor. Precaliente la parrilla o el asador. Seque las costillas con palmaditas, luego cocine a la parrilla o ase las costillas, dándoles la vuelta con frecuencia, hasta que estén doradas y cocidas, aproximadamente 20 minutos. Servir caliente.

Costillas y Frijoles

Puntini e Fagioli

Rinde 6 porciones

Cuando sé que tengo una semana ocupada por delante, me gusta preparar guisos como este. Solo mejoran cuando se preparan con anticipación y solo necesitan un recalentamiento rápido para hacer una cena satisfactoria. Sirva estos con verduras cocidas como espinacas o escarola, o una ensalada verde.

2 cucharadas de aceite de oliva

3 libras de costillas de cerdo al estilo campestre, cortadas en costillas individuales

1 cebolla picada

1 zanahoria picada

1 diente de ajo finamente picado

2½ libras de tomates frescos, pelados, sin semillas y picados, o 1 lata (28 onzas) de tomates pelados, picados

1 ramita de romero (3 pulgadas)

1 taza de agua

Sal y pimienta negra recién molida

3 tazas de frijoles cannellini o arándanos cocidos o enlatados, escurridos

1. En un horno holandés grande u otra olla profunda y pesada con tapa hermética, caliente el aceite a fuego medio. Agregue las costillas lo suficiente para que quepan cómodamente en la sartén. Dorarlos bien por todos lados, unos 15 minutos. Transfiera las costillas a un plato. Espolvorear con sal y pimienta. Continúe con las costillas restantes. Cuando todo esté listo, vierta todo menos 2 cucharadas de grasa.

2. Agrega la cebolla, la zanahoria y el ajo a la olla. Cocine, revolviendo con frecuencia, hasta que las verduras estén tiernas, unos 10 minutos. Agrega las costillas, luego los tomates, el romero, el agua y sal y pimienta al gusto. Deje hervir a fuego lento y cocine 1 hora.

3. Agrega los frijoles, tapa y cocina 30 minutos o hasta que la carne esté muy tierna y se desprenda del hueso. Pruebe y ajuste la sazón. Servir caliente.

Chuletas de cerdo picantes con pimientos en escabeche

Braciole di Maiale con Peperoncini

Rinde 4 porciones

Los chiles picantes encurtidos y los pimientos dulces encurtidos son un buen aderezo para jugosas chuletas de cerdo. Ajusta las proporciones de los chiles y pimientos dulces a tu gusto. Sirve estos con patatas fritas.

2 cucharadas de aceite de oliva

4 chuletas de lomo de cerdo cortadas al centro, cada una de aproximadamente 1 pulgada de grosor

Sal y pimienta negra recién molida

4 dientes de ajo, en rodajas finas

1 1/2 tazas de pimientos dulces encurtidos en rodajas

1/4 de taza de pimientos picantes encurtidos en rodajas, como peroncini o jalapeños, o más pimientos dulces

2 cucharadas de jugo de escabeche o vinagre de vino blanco

2 cucharadas de perejil fresco picado

1. En una sartén grande y pesada, caliente el aceite a fuego medio-alto. Seque las chuletas con toallas de papel y luego espolvoree con sal y pimienta. Cocine las chuletas hasta que estén doradas, aproximadamente 2 minutos, luego déles la vuelta con pinzas y dore por el otro lado, aproximadamente 2 minutos más.

2. Reduce el fuego a medio. Esparce las rodajas de ajo alrededor de las chuletas. Cubra la sartén y cocine de 5 a 8 minutos o hasta que las chuletas estén tiernas y ligeramente rosadas cuando se cortan cerca del hueso. Regular el fuego para que el ajo no se vuelva marrón oscuro. Transfiera las chuletas a una fuente para servir y tápelas para mantenerlas calientes.

3. Agregue los pimientos dulces y picantes y el jugo de encurtido o vinagre a la sartén. Cocine, revolviendo, durante 2 minutos o hasta que los pimientos estén bien calientes y los jugos sean almibarados.

4. Agrega el perejil. Vierta el contenido de la sartén sobre las chuletas y sirva inmediatamente.

Chuletas de Cerdo con Romero y Manzanas

Braciole al Mele

Rinde 4 porciones

El sabor agridulce de las manzanas es un complemento perfecto para las chuletas de cerdo. Esta receta es de Friuli-Venezia Giulia.

4 chuletas de cerdo cortadas al centro, cada una de aproximadamente 1 pulgada de grosor

Sal y pimienta negra recién molida

1 cucharada de romero fresco picado

1 cucharada de mantequilla sin sal

4 manzanas golden delicious, peladas y cortadas en trozos de 1/2 pulgada

1/2 taza Caldo de pollo

1. Seque la carne con toallas de papel. Espolvorea las chuletas por ambos lados con sal, pimienta y romero.

2. En una sartén grande y pesada, derrita la mantequilla a fuego medio. Agregue las chuletas y cocine hasta que estén bien doradas por un lado, aproximadamente 2 minutos. Dar la vuelta

a las chuletas con unas pinzas y dorar por el otro lado, unos 2 minutos más.

3. Esparcir las manzanas alrededor de las chuletas y verter el caldo. Tape la sartén y baje el fuego. Cocine de 5 a 10 minutos, volteando las chuletas una vez, hasta que estén tiernas y ligeramente rosadas cuando se cortan cerca del hueso. Servir inmediatamente.

Chuletas de cerdo con salsa de champiñones y tomate

Costolette di Maiale con Funghi

Rinde 4 porciones

Cuando compre chuletas de cerdo, busque chuletas de tamaño y grosor similares para que se cocinen de manera uniforme. Los champiñones blancos, el vino y los tomates son la salsa para estas chuletas de cerdo. Este mismo tratamiento también es bueno para las chuletas de ternera.

4 cucharadas de aceite de oliva

4 chuletas de lomo de cerdo cortadas al centro, cada una de aproximadamente 1 pulgada de grosor

Sal y pimienta negra recién molida

1 1/2 taza de vino blanco seco

1 taza de tomates frescos o enlatados picados

1 cucharada de romero fresco picado

1 paquete (12 onzas) de champiñones blancos, ligeramente enjuagados, sin tallos y cortados a la mitad o en cuartos si son grandes

1. En una sartén grande y pesada, caliente 2 cucharadas de aceite a fuego medio. Espolvorea las chuletas con sal y pimienta. Coloque las chuletas en la sartén en una sola capa. Cocine hasta que estén bien dorados por un lado, aproximadamente 2 minutos. Dar la vuelta a las chuletas con pinzas y dorar por el otro lado, alrededor de 1 a 2 minutos más. Transfiera las chuletas a un plato.

2. Agregue el vino a la sartén y cocine a fuego lento. Agrega los tomates, el romero y la sal y pimienta al gusto. Tape y cocine por 10 minutos.

3. Mientras tanto, en una sartén mediana, caliente las 2 cucharadas de aceite restantes a fuego medio. Agrega los champiñones, sal y pimienta al gusto. Cocine, revolviendo con frecuencia, hasta que el líquido se evapore y los champiñones estén dorados, unos 10 minutos.

4. Regrese las chuletas de cerdo a la sartén con la salsa de tomate. Agrega los champiñones. Tape y cocine de 5 a 10 minutos más o hasta que la carne de cerdo esté bien cocida y la salsa esté ligeramente espesa. Servir inmediatamente.

Chuletas de Cerdo con Porcini y Vino Tinto

Costolette con Funghi e Vino

Rinde 4 porciones

Dorar chuletas u otros cortes de carne agrega sabor y mejora su apariencia. Siempre seque las chuletas con palmaditas antes de dorarlas, ya que la humedad de la superficie hará que la carne se cocine al vapor y no se dore. Después de dorar, estas chuletas se cuecen a fuego lento con porcini seco y vino tinto. Un toque de crema espesa le da a la salsa una textura suave y un rico sabor.

1 onza de hongos porcini secos

1 1/2 tazas de agua tibia

2 cucharadas de aceite de oliva

4 chuletas de lomo de cerdo cortadas al centro, de aproximadamente 1 pulgada de grosor

Sal y pimienta negra recién molida

1/2 taza de vino tinto seco

1/4 taza de crema espesa

1. Coloca los champiñones en un bol con el agua. Deje reposar 30 minutos. Saca las setas del líquido y enjuágalas bien con agua corriente, prestando especial atención a la base de los tallos donde se acumula la tierra. Escurrir, luego picar bien. Vierta el líquido de remojo a través de un colador de papel con filtro de café en un tazón.

2. En una sartén grande, calienta el aceite a fuego medio. Seque las chuletas. Coloque las chuletas en la sartén en una sola capa. Cocine hasta que estén bien dorados, aproximadamente 2 minutos. Dar la vuelta a las chuletas con pinzas y dorar por el otro lado, alrededor de 1 a 2 minutos más. Espolvorear con sal y pimienta. Transfiera las chuletas a un plato.

3. Agregue el vino a la sartén y cocine a fuego lento durante 1 minuto. Agregue los porcini y su líquido de remojo. Reduce el calor al mínimo. Cocine a fuego lento de 5 a 10 minutos, o hasta que el líquido se reduzca. Agregue la crema y cocine 5 minutos más.

4. Regrese las chuletas a la sartén. Cocine 5 minutos más o hasta que las chuletas estén bien cocidas y la salsa espese. Servir inmediatamente.

Chuletas de cerdo con repollo

Costolette di Maiale con Cavolo Rosso

Rinde 4 porciones

El vinagre balsámico agrega color y dulzura a la col roja y ofrece un buen equilibrio a la carne de cerdo. No es necesario utilizar un vinagre balsámico añejo para esta receta. Guárdelo para usarlo como condimento para queso o carne cocida.

2 cucharadas de aceite de oliva

4 chuletas de lomo de cerdo cortadas al centro, de aproximadamente 1 pulgada de grosor

Sal y pimienta negra recién molida

1 cebolla grande picada

2 dientes de ajo grandes, finamente picados

2 libras de col lombarda, cortada en tiras finas

1 1/4 taza de vinagre balsámico

2 cucharadas de agua

1. En una sartén grande, calienta el aceite a fuego medio. Seque las chuletas con toallas de papel. Agrega las chuletas a la sartén. Cocine hasta que esté bien dorado, aproximadamente 2 minutos. Dar la vuelta a la carne con pinzas y dorar por el otro lado, alrededor de 1 a 2 minutos más. Espolvorear con sal y pimienta. Transfiera las chuletas a un plato.

2. Agregue la cebolla a la sartén y cocine 5 minutos. Agregue el ajo y cocine 1 minuto más.

3. Agrega el repollo, el vinagre balsámico, el agua y la sal al gusto. Tape y cocine, revolviendo ocasionalmente, hasta que el repollo esté tierno, aproximadamente 45 minutos.

4. Agregue las chuletas a la sartén y cocine, dándoles vuelta una o dos veces en la salsa, hasta que la carne esté bien cocida y ligeramente rosada cuando se corte cerca del hueso, unos 5 minutos más. Servir inmediatamente.

Chuletas de Cerdo con Hinojo y Vino Blanco

Braciole di Maiale al Vino

Rinde 4 porciones

No queda mucha salsa en la sartén cuando estas chuletas están listas, solo una cucharada o dos de glaseado concentrado para humedecer la carne. Si prefiere no usar semillas de hinojo, intente sustituir una cucharada de romero fresco.

2 cucharadas de aceite de oliva

4 chuletas de lomo de cerdo cortadas al centro, de aproximadamente 1 pulgada de grosor

1 diente de ajo, ligeramente triturado

Sal y pimienta negra recién molida

2 cucharaditas de semillas de hinojo

1 taza de vino blanco seco

1. En una sartén grande, caliente el aceite a fuego medio-alto. Seque las chuletas de cerdo. Agrega las chuletas de cerdo y el ajo a la sartén. Cocine hasta que las chuletas estén doradas, aproximadamente 2 minutos. Espolvorea con las semillas de

hinojo y la sal y pimienta. Dar la vuelta a las chuletas con unas pinzas y dorar por el otro lado, alrededor de 1 a 2 minutos más.

2. Agregue el vino y deje hervir a fuego lento. Tape y cocine de 3 a 5 minutos o hasta que las chuletas estén bien cocidas y ligeramente rosadas cuando se cortan cerca del hueso.

3. Transfiera las chuletas a un plato y deseche el ajo. Cocine los jugos de la sartén hasta que estén reducidos y espesos. Vierta los jugos sobre las chuletas y sirva inmediatamente.

Chuletas de cerdo, estilo pizzero

Braciole alla Pizzaiola

Rinde 4 porciones

En Nápoles, las chuletas de cerdo y los filetes pequeños también se pueden preparar alla pizzaiola, al estilo del pizzero. La salsa se sirve típicamente sobre espaguetis como primer plato. Las chuletas se sirven como segundo plato con una ensalada verde. Debe haber suficiente salsa para media libra de espagueti, con una cucharada o más para servir con las chuletas.

2 cucharadas de aceite de oliva

4 chuletas de costilla de cerdo, de aproximadamente 1 pulgada de grosor

Sal y pimienta negra recién molida

2 dientes de ajo grandes, finamente picados

1 lata (28 onzas) de tomates pelados, escurridos y picados

1 cucharadita de orégano seco

1 pizca de pimiento rojo triturado

2 cucharadas de perejil fresco picado

1. En una sartén grande, calienta el aceite a fuego medio. Seque las chuletas y espolvoree con sal y pimienta. Agrega las chuletas a la sartén. Cocine hasta que las chuletas estén doradas, aproximadamente 2 minutos. Dar la vuelta a las chuletas con unas pinzas y dorar por el otro lado, unos 2 minutos más. Transfiera las chuletas a un plato.

2. Agrega el ajo a la sartén y cocina 1 minuto. Agrega los tomates, el orégano, el pimiento rojo y la sal al gusto. Lleve la salsa a fuego lento. Cocine, revolviendo ocasionalmente, 20 minutos o hasta que la salsa esté espesa.

3. Regrese las chuletas a la salsa. Cocine 5 minutos, volteando las chuletas una o dos veces, hasta que estén bien cocidas y ligeramente rosadas cuando se cortan cerca del hueso. Espolvorea con perejil. Sirva inmediatamente, o si usa la salsa para espaguetis, cubra las chuletas con papel de aluminio para mantenerlas calientes.

Chuletas de cerdo, estilo Molise

Pampanella Sammartinese

Rinde 4 porciones

Estas chuletas son picantes e inusuales. Hubo un tiempo en que los cocineros de Molise secaban sus propios pimientos rojos dulces al sol para hacer pimentón. En la actualidad, en Italia se utiliza pimentón dulce elaborado comercialmente. En los Estados Unidos, use pimentón importado de Hungría para obtener el mejor sabor.

Asar chuletas de cerdo es complicado porque se pueden secar muy fácilmente. Mírelos con atención y cocínelos solo hasta que la carne esté ligeramente rosada cerca del hueso.

¼ taza de pimentón dulce

2 dientes de ajo picados

1 cucharadita de sal

Pimienta roja molida

2 cucharadas de vinagre de vino blanco

4 chuletas de lomo de cerdo cortadas al centro, de aproximadamente 1 pulgada de grosor

1. En un tazón pequeño, mezcle el pimentón, el ajo, la sal y una pizca generosa de pimiento rojo triturado. Agregue el vinagre y revuelva hasta que quede suave. Coloca las chuletas en un plato y úntalas por todos lados con la pasta. Cubra y refrigere 1 hora hasta toda la noche.

2. Coloque una parrilla para barbacoa o parrilla a unas 6 pulgadas de la fuente de calor. Precaliente la parrilla o el asador. Cocine las chuletas de cerdo hasta que se doren por un lado, aproximadamente 6 minutos, luego dé la vuelta a la carne con pinzas y dore el otro lado, aproximadamente 5 minutos más. Cortar las chuletas cerca del hueso; la carne debe quedar ligeramente rosada. Servir inmediatamente.

Solomillo de cerdo glaseado con balsámico con rúcula y parmigiano

Maiale al Balsamico con Insalata

Rinde 6 porciones

Los solomillos de cerdo son de cocción rápida y bajos en grasa. Aquí, las rodajas de cerdo glaseadas se combinan con una ensalada de rúcula crujiente. Si no puede encontrar rúcula, sustitúyala por berros.

2 solomillos de cerdo (aproximadamente 1 libra cada uno)

1 diente de ajo finamente picado

1 cucharada de vinagre balsámico

1 cucharadita de miel

Sal y pimienta negra recién molida

Ensalada

2 cucharadas de aceite de oliva

1 cucharada de vinagre balsámico

Sal y pimienta negra recién molida

6 tazas de rúcula cortada, enjuagada y seca

Un trozo de Parmigiano-Reggiano

1. Coloque una rejilla en el centro del horno. Precalienta el horno a 450 ° F. Engrase una bandeja para hornear lo suficientemente grande como para contener la carne de cerdo.

2. Seque la carne de cerdo con toallas de papel. Dobla los extremos delgados hacia abajo para que tenga un grosor uniforme. Coloque los solomillos a una pulgada de distancia en la sartén.

3. En un tazón pequeño, mezcle el ajo, el vinagre, la miel y la sal y pimienta al gusto.

4. Cepille la mezcla sobre la carne. Coloca la carne de cerdo en el horno y asa durante 15 minutos. Vierta 1/2 taza de agua alrededor de la carne. Ase de 10 a 20 minutos más o hasta que esté dorado y tierno. (La carne de cerdo está lista cuando la temperatura interna alcanza los 150 ° F en un termómetro de lectura instantánea). Retire la carne de cerdo del horno. Déjalo en la sartén y déjalo reposar al menos 10 minutos.

5. En un tazón grande, mezcle el aceite, el vinagre, la sal y la pimienta al gusto. Agregue la rúcula y mezcle con el aderezo.

Apila la rúcula en el centro de una fuente grande o platos individuales.

6. Corte el cerdo en rodajas finas y colóquelo alrededor de las verduras. Rocíe con los jugos de la sartén. Con un pelador de verduras de hoja giratoria, afeite rodajas finas de Parmigiano-Reggiano sobre la rúcula. Servir inmediatamente.

Solomillo de cerdo a las hierbas

Filetto di Maiale alle Erbe

Rinde 6 porciones

Los solomillos de cerdo ahora están disponibles, generalmente empacados de dos por paquete. Son magros y tiernos, si no se cocinan demasiado, aunque el sabor es muy suave. Asarlos a la parrilla les da más sabor y se pueden servir calientes oa temperatura ambiente.

2 solomillos de cerdo (aproximadamente 1 libra cada uno)

2 cucharadas de aceite de oliva

2 cucharadas de salvia fresca picada

2 cucharadas de albahaca fresca picada

2 cucharadas de romero fresco picado

1 diente de ajo finamente picado

Sal y pimienta negra recién molida

1. Seque la carne con toallas de papel. Coloque los solomillos de cerdo en un plato.

2. En un tazón pequeño, mezcle el aceite, las hierbas, el ajo y la sal y pimienta al gusto. Frote la mezcla sobre los solomillos. Cubra y refrigere al menos 1 hora o hasta toda la noche.

3. Precaliente la parrilla o el asador. Asa los solomillos de 7 a 10 minutos o hasta que se doren. Dé la vuelta a la carne con pinzas y cocine 7 minutos más, o hasta que un termómetro de lectura instantánea insertado en el centro marque 150 ° F. Espolvorea con sal. Deje reposar la carne 10 minutos antes de cortarla. Servir caliente oa temperatura ambiente.

Solomillo de cerdo a la calabresa con miel y chile

Carne 'ncantarata

Rinde 6 porciones

Más que en cualquier otra región de Italia, los cocineros de Calabria incorporan los pimientos chile en su cocina. Los chiles se usan frescos, secos, molidos o triturados en hojuelas o en polvo, como pimentón o cayena.

En Castrovillari, mi esposo y yo comimos en Locanda di Alia, un elegante restaurante y posada campestre. El restaurante más famoso de la región está dirigido por los hermanos Alia. Gaetano es el chef, mientras que Pinuccio maneja el frente de la casa. Su especialidad es la carne de cerdo marinada con hinojo y chiles en salsa de miel y chile. Pinuccio explicó que la receta, que tiene al menos doscientos años, se hizo con carne de cerdo en conserva que había sido salada y curada durante varios meses. Esta es una forma más ágil de hacerlo.

El polen de hinojo se puede encontrar en muchas tiendas especializadas en hierbas y especias. (VerFuentes.) Se pueden usar semillas de hinojo trituradas si el polen no está disponible.

2 solomillos de cerdo (aproximadamente 1 libra cada uno)

2 cucharadas de miel

1 cucharadita de sal

1 cucharadita de polen de hinojo o semillas de hinojo trituradas

Pizca de pimiento rojo triturado

1/2 taza de jugo de naranja

2 cucharadas de pimentón

1. Coloque una rejilla en el centro del horno. Precalienta el horno a 425 ° F. Engrase una bandeja para hornear lo suficientemente grande como para contener la carne de cerdo.

2. Dobla los extremos delgados de los solomillos hacia abajo para que tengan un grosor uniforme. Coloque los solomillos a una pulgada de distancia en la sartén.

3. En un tazón pequeño, mezcle la miel, la sal, el polen de hinojo y el pimiento rojo triturado. Cepille la mezcla sobre la carne. Coloca la carne de cerdo en el horno y asa durante 15 minutos.

4. Vierta el jugo de naranja alrededor de la carne. Ase de 10 a 20 minutos más, o hasta que esté dorado y tierno. (La carne de

cerdo está lista cuando la temperatura interna alcanza los 150 ° F en un termómetro de lectura instantánea). Transfiera la carne de cerdo a una tabla de cortar. Cubre con papel aluminio y mantén caliente mientras preparas la salsa.

5. Coloque la bandeja para hornear a fuego medio. Agregue el pimentón y cocine, raspando el fondo de la sartén, durante 2 minutos.

6. Cortar el cerdo en rodajas y servirlo con la salsa.

Cerdo Asado con Patatas y Romero

Arista di Maiale con Patate

Rinde de 6 a 8 porciones

A todo el mundo le encanta este asado de cerdo; es fácil de hacer y las papas absorben los sabores del cerdo mientras se cocinan juntas en la misma sartén. Irresistible.

1 lomo de cerdo asado deshuesado cortado al centro (alrededor de 3 libras)

2 cucharadas de romero fresco picado

2 cucharadas de ajo fresco picado

4 cucharadas de aceite de oliva

Sal y pimienta negra recién molida

2 libras de papas nuevas, cortadas a la mitad o en cuartos si son grandes

1. Coloque una rejilla en el centro del horno. Precalienta el horno a 425 ° F. Engrase una fuente para asar lo suficientemente grande como para contener la carne de cerdo y las papas sin que se amontonen.

2. En un bol pequeño hacer una pasta con el romero, el ajo, 2 cucharadas de aceite y una generosa cantidad de sal y pimienta. Mezcle las papas en la sartén con las 2 cucharadas de aceite restantes y la mitad de la pasta de ajo. Empuje las papas a un lado y coloque la carne con la grasa hacia arriba en el centro de la sartén. Frote o esparza el resto de la pasta por toda la carne.

3. Ase 20 minutos. Dar la vuelta a las patatas. Reduzca el fuego a 350 ° F. Ase 1 hora más, volteando las patatas cada 20 minutos. La carne está lista cuando la temperatura interna del cerdo alcanza los 150 ° F en un termómetro de lectura instantánea.

4. Transfiera la carne a una tabla de cortar. Cubra sin apretar con papel aluminio y deje reposar 10 minutos. Las patatas deben estar doradas y tiernas. Si es necesario, sube el fuego y cocínalos un poco más.

5. Corta la carne en rodajas y colócala en una fuente caliente rodeada de patatas. Servir caliente.

Lomo de Cerdo al Limón

Maiale con Limone

Rinde de 6 a 8 porciones

El lomo de cerdo asado con ralladura de limón es una excelente cena dominical. Lo sirvo con frijoles cannellini cocidos a fuego lento y una verdura verde como brócoli o coles de Bruselas.

Marcar el lomo con mantequilla es bastante fácil de hacer usted mismo si sigue las instrucciones; de lo contrario, haga que el carnicero se encargue.

1 lomo de cerdo asado deshuesado cortado al centro (alrededor de 3 libras)

1 cucharadita de ralladura de limón

2 dientes de ajo finamente picados

2 cucharadas de perejil fresco picado

2 cucharadas de aceite de oliva

Sal y pimienta negra recién molida

1/2 taza de vino blanco seco

1. Coloque una rejilla en el centro del horno. Precalienta el horno a 425 ° F. Engrase una fuente para asar lo suficientemente grande como para contener la carne.

2. En un tazón pequeño, mezcle la ralladura de limón, el ajo, el perejil, el aceite y la sal y pimienta al gusto.

3. Seque la carne con toallas de papel. Para colocar el cerdo en mariposa, colócalo sobre una tabla de cortar. Con un cuchillo largo y afilado, como un cuchillo para deshuesar o un cuchillo de chef, corte la carne de cerdo casi por la mitad a lo largo, deteniéndose aproximadamente a 3/4 de pulgada de un lado largo. Abre la carne como un libro. Extienda la mezcla de limón y ajo sobre el costado de la carne. Enrolle la carne de cerdo de un lado a otro como una salchicha y átela con una cuerda de cocina a intervalos de 2 pulgadas. Espolvorea el exterior con sal y pimienta.

4. Coloque la carne con la grasa hacia arriba en la sartén preparada. Ase 20 minutos. Reduzca el fuego a 350 ° F. Ase 40 minutos más. Agregue el vino y ase de 15 a 30 minutos más, o hasta que la temperatura en un termómetro de lectura instantánea alcance los 150 ° F.

5. Transfiera el asado a una tabla de cortar. Cubra la carne sin apretar con papel de aluminio. Deje reposar 10 minutos antes de cortar. Coloque la sartén en la estufa a fuego medio y reduzca un poco los jugos de la sartén. Corta el cerdo en rodajas y colócalo en una fuente para servir. Vierta los jugos sobre la carne. Servir caliente.

Lomo de Cerdo con Manzanas y Grappa

Maiale con Mele

Rinde de 6 a 8 porciones

Manzanas y cebollas combinados con grappa y romero dan sabor a este sabroso lomo de cerdo asado de Friuli-Venezia Giulia.

1 lomo de cerdo asado deshuesado cortado al centro (alrededor de 3 libras)

1 cucharada de romero fresco picado, y más para decorar

Sal y pimienta negra recién molida

2 cucharadas de aceite de oliva

2 manzanas Granny Smith u otras manzanas ácidas, peladas y en rodajas finas

1 cebolla pequeña, finamente rebanada

1/4 taza de grappa o brandy

1 1/2 taza de vino blanco seco

1. Coloque una rejilla en el centro del horno. Precalienta el horno a 350 ° F. Engrase ligeramente una fuente para asar lo suficientemente grande como para contener la carne.

2. Frote el cerdo con el romero, sal y pimienta al gusto y aceite de oliva. Coloque la carne con la grasa hacia arriba en la sartén y rodee con las rodajas de manzana y cebolla.

3. Vierta la grappa y el vino sobre la carne. Ase durante 1 hora y 15 minutos, o hasta que un termómetro de lectura instantánea insertado en el centro marque 150 ° F. Transfiera la carne a una tabla de cortar y cúbrala con papel de aluminio para mantenerla caliente.

4. Las manzanas y las cebollas deben estar blandas. Si no es así, regrese la sartén al horno y ase 15 minutos más.

5. Cuando estén tiernas, raspe las manzanas y las cebollas en un procesador de alimentos o licuadora. Haga puré hasta que quede suave. (Agregue una cucharada o dos de agua tibia para diluir la mezcla si es necesario).

6. Corta la carne en rodajas y colócala en una fuente caliente. Coloque el puré de manzana y cebolla a un lado. Adorne con romero fresco. Servir caliente.

Cerdo Asado con Avellanas y Nata

Arrosto di Maiale alle Nocciole

Rinde de 6 a 8 porciones

Esta es una variación de una receta de cerdo asado piamontesa que apareció por primera vez en mi libro Cocina italiana navideña. Aquí la crema, junto con las avellanas, enriquece la salsa.

1 lomo de cerdo asado deshuesado cortado al centro (alrededor de 3 libras)

2 cucharadas de romero fresco picado

2 dientes de ajo grandes, finamente picados

2 cucharadas de aceite de oliva

Sal y pimienta negra recién molida

1 taza de vino blanco seco

1/2 taza de avellanas, tostadas, sin piel y picadas en trozos grandes (verCómo tostar y pelar nueces)

1 taza casera Caldo de carne o Caldo de pollo, o caldo de res o pollo comprado en la tienda

1 1/2 taza de crema espesa

1. Coloque una rejilla en el centro del horno. Precalienta el horno a 425 ° F. Engrase una fuente para asar lo suficientemente grande como para contener la carne.

2. En un tazón pequeño, mezcle el romero, el ajo, el aceite y la sal y pimienta al gusto. Coloque la carne con la grasa hacia arriba en la sartén. Frote la mezcla de ajo por todo el cerdo. Asa la carne 15 minutos.

3. Vierta el vino sobre la carne. Cocine de 45 a 60 minutos más, o hasta que la temperatura del cerdo alcance los 150 ° F en un termómetro de lectura instantánea y la carne esté tierna al pincharla con un tenedor. Mientras tanto, prepara las avellanas, si es necesario.

4. Transfiera la carne a una tabla de cortar. Cubrir con papel de aluminio para mantener el calor.

5. Coloque la sartén a fuego medio en la parte superior de la estufa y hierva los jugos a fuego lento. Agregue el caldo y cocine a fuego lento 5 minutos, raspando y mezclando los trozos dorados en el fondo de la sartén con una cuchara de madera. Agregue la crema y cocine a fuego lento hasta que espese un poco, aproximadamente 2 minutos más. Agrega las nueces picadas y retira del fuego.

6. Cortar la carne en rodajas y colocar las rodajas en una fuente para servir caliente. Vierta la salsa sobre la carne de cerdo y sírvala caliente.

Lomo de cerdo toscano

Arista di Maiale

Rinde de 6 a 8 porciones

Aquí hay un asado de cerdo clásico al estilo toscano. Cocinar la carne con el hueso la hace mucho más sabrosa y los huesos también son excelentes para roer.

3 dientes de ajo grandes

2 cucharadas de romero fresco

Sal y pimienta negra recién molida

2 cucharadas de aceite de oliva

1 costilla asada con hueso, cortada en el centro, alrededor de 4 libras

1 taza de vino blanco seco

1. Coloque una rejilla en el centro del horno. Precalienta el horno a 325 ° F. Engrase una fuente para asar lo suficientemente grande como para contener el asado.

2. Pica muy finamente el ajo y el romero juntos, luego colócalos en un tazón pequeño. Agrega la sal y la pimienta al gusto y mezcla

bien para formar una pasta. Coloque el asado con la grasa hacia arriba en la sartén. Con un cuchillo pequeño, haga cortes profundos en toda la superficie del cerdo, luego inserte la mezcla en los cortes. Frote todo el asado con aceite de oliva.

3. Ase 1 hora 15 minutos o hasta que la carne alcance una temperatura interna de 150 ° F en un termómetro de lectura instantánea. Transfiera la carne a una tabla de cortar. Cubrir con papel de aluminio para mantener el calor. Deje reposar 10 minutos.

4. Coloque la sartén a fuego lento en la parte superior de la estufa. Agregue el vino y cocine, raspando y mezclando los trozos dorados en el fondo de la sartén con una cuchara de madera hasta que se reduzca ligeramente, aproximadamente 2 minutos. Vierta los jugos a través de un colador en un bol y retire la grasa. Vuelva a calentar si es necesario.

5. Corta la carne en rodajas y colócala en una fuente para servir caliente. Sírvelo caliente con los jugos de la sartén.

Paletilla de cerdo asada con hinojo

Porchetta

Rinde 12 porciones

Esta es mi versión del fabuloso cerdo asado conocido como porchetta, que se vende en todo el centro de Italia, incluidos Lazio, Umbría y Abruzzo. Las rebanadas de carne de cerdo se venden en camiones especiales, y puede pedirlas en un sándwich o envueltas en papel para llevar a casa. Aunque la carne es deliciosa, la piel de cerdo crujiente es la mejor parte.

El asado se cuece durante mucho tiempo y a alta temperatura porque es muy denso. El alto contenido de grasa mantiene la carne húmeda y la piel se vuelve marrón y crujiente. Un jamón fresco se puede sustituir por la paleta de cerdo.

1 (7 libras) de paleta de cerdo asada

8 a 12 dientes de ajo

2 cucharadas de romero fresco picado

1 cucharada de semillas de hinojo

1 cucharada de sal

1 cucharadita de pimienta negra recién molida

1/4 taza de aceite de oliva

1. Aproximadamente 1 hora antes de comenzar a asar la carne, retírela del refrigerador.

2. Pica muy finamente el ajo, el romero, el hinojo y la sal, luego coloca los condimentos en un tazón pequeño. Agregue la pimienta y el aceite para formar una pasta suave.

3. Con un cuchillo pequeño, haga cortes profundos en la superficie del cerdo. Inserta la pasta en las ranuras.

4. Coloque una rejilla en el tercio inferior del horno. Precalienta el horno a 350 ° F. Cuando esté listo, coloque el asado en el horno y cocine 3 horas. Quite el exceso de grasa con una cuchara. Ase la carne de 1 a 1 hora y media más, o hasta que la temperatura alcance los 160 ° F en un termómetro de lectura instantánea. Cuando la carne esté lista, la grasa estará crujiente y tendrá un color marrón oscuro.

5. Transfiera la carne a una tabla de cortar. Cubrir con papel aluminio para mantener el calor y dejar reposar 20 minutos. Cortar y servir caliente oa temperatura ambiente.

Cochinillo asado

Maialino Arrosto

Rinde de 8 a 10 porciones

Un cochinillo es aquel al que no se le ha permitido comer comida para cerdos adultos. En los Estados Unidos, los lechones suelen pesar entre 15 y 20 libras, aunque en Italia son la mitad de ese tamaño. Incluso con el peso más alto, realmente no hay mucha carne en un cochinillo, así que no planee servir a más de ocho a diez invitados. Además, asegúrese de tener una bandeja para hornear muy grande para acomodar un lechón entero, que tendrá aproximadamente 30 pulgadas de largo, y asegúrese de que su horno se adapte a la bandeja. Cualquier buen carnicero debería poder obtener un lechón fresco para usted, pero haga averiguaciones antes de planearlo.

Los cocineros sardos son famosos por su cochinillo, pero lo he comido en muchos lugares de Italia. El que mejor recuerdo fue parte de un almuerzo memorable disfrutado en la bodega Majo di Norante en Abruzzo.

1 cochinillo, alrededor de 15 libras

4 dientes de ajo

2 cucharadas de perejil fresco picado

1 cucharada de romero fresco picado

1 cucharada de salvia fresca picada

1 cucharadita de bayas de enebro picadas

Sal y pimienta negra recién molida

6 cucharadas de aceite de oliva

2 hojas de laurel

1 taza de vino blanco seco

Manzana, naranja u otra fruta para decorar (opcional)

1. Coloque una rejilla en el tercio inferior del horno. Precalienta el horno a 425 ° F. Engrase una bandeja para hornear lo suficientemente grande como para contener el cerdo.

2. Enjuague bien el cerdo por dentro y por fuera y séquelo con toallas de papel.

3. Pica el ajo, el perejil, el romero, la salvia y las bayas de enebro, luego coloca los condimentos en un tazón pequeño. Agregue una generosa cantidad de sal y pimienta recién molida. Agrega dos cucharadas de aceite.

4. Coloque el cerdo de costado sobre una rejilla grande para asar en la bandeja preparada y esparza la mezcla de hierbas dentro de la cavidad del cuerpo. Agrega las hojas de laurel. Corta cortes de aproximadamente 1/2 pulgada de profundidad a ambos lados de la columna vertebral. Frote el aceite restante por toda la superficie del cerdo. Cubre las orejas y la cola con papel de aluminio. (Si desea servir el cerdo entero con una manzana u otra fruta en la boca, mantenga la boca abierta con una bola de papel de aluminio del tamaño de la fruta). Espolvoree el exterior con sal y pimienta.

5. Ase el cerdo 30 minutos. Reduzca el fuego a 350 ° F. Rocíe con el vino. Ase de 2 a 21/2 horas más, o hasta que un termómetro de lectura instantánea insertado en la parte carnosa del cuarto trasero registre 170 ° F. Rocíe cada 20 minutos con los jugos de la sartén.

6. Transfiera el cerdo a una tabla de cortar grande. Cubrir con papel aluminio y dejar reposar 30 minutos. Retire la cubierta de papel de aluminio y la bola de papel de aluminio de la boca, si se usa. Reemplace la bola de papel de aluminio con la fruta, si la usa. Transfiera a una fuente para servir y sirva caliente.

7. Quite la grasa de los jugos de la sartén y caliéntelos a fuego lento. Vierta los jugos sobre la carne. Servir inmediatamente.

Asado de lomo de cerdo deshuesado y especiado

Maiale en Porchetta

Rinde de 6 a 8 porciones

El lomo de cerdo deshuesado se asa con las mismas especias que se utilizan para la porchetta (cerdo bebé asado en un asador) en muchas partes del centro de Italia. Después de un breve período de cocción a fuego alto, la temperatura del horno se baja, lo que mantiene la carne tierna y jugosa.

4 dientes de ajo

1 cucharada de romero fresco

6 hojas frescas de salvia

6 bayas de enebro

1 cucharadita de sal

1/2 cucharadita de pimienta negra recién molida

1 lomo de cerdo asado deshuesado y cortado en el centro, alrededor de 3 libras

Aceite de oliva virgen extra

1 taza de vino blanco seco

1. Coloque una rejilla en el centro del horno. Precalienta el horno a 450 ° F. Engrase una fuente para asar lo suficientemente grande como para contener la carne de cerdo.

2. Pica muy finamente el ajo, el romero, la salvia y las bayas de enebro. Mezcle la mezcla de hierbas, la sal y la pimienta.

3. Con un cuchillo grande y afilado, corte la carne a lo largo por el centro, dejándola adherida a un lado. Abra la carne como un libro y esparza dos tercios de la mezcla de especias sobre la carne. Cierre la carne y átela con una cuerda a intervalos de 2 pulgadas. Frote el resto de la mezcla de especias por fuera. Coloque la carne en la sartén. Rocíe con aceite de oliva.

4. Asa el cerdo 10 minutos. Reduzca el fuego a 300 ° F y ase 60 minutos más, o hasta que la temperatura interna del cerdo alcance los 150 ° F.

5. Retire el asado a una fuente para servir y cúbralo con papel de aluminio. Deje reposar 10 minutos.

6. Agregue el vino a la sartén y colóquelo a fuego medio en la parte superior de la estufa. Cocine, raspando los trozos marrones en la sartén con una cuchara de madera, hasta que los jugos se

reduzcan y se espesen. Cortar la carne de cerdo en rodajas y colocar sobre los jugos de la sartén. Servir caliente.

Paletilla de cerdo a la brasa en leche

Maiale al Latte

Rinde de 6 a 8 porciones

En Lombardía y Véneto, la ternera, el cerdo y el pollo a veces se cocinan en leche. Esto mantiene la carne tierna, y cuando está lista, la leche hace una salsa marrón cremosa para servir con la carne.

Las verduras, la panceta y el vino añaden sabor. Utilizo una paleta sin hueso o un asado a tope para este plato porque se adapta bien a una cocción lenta y húmeda. La carne se cocina en la estufa, por lo que no es necesario que encienda el horno.

1 paleta de cerdo deshuesada o asado a tope (aproximadamente 3 libras)

4 onzas de panceta finamente picada

1 zanahoria finamente picada

1 pequeña costilla de apio tierno

1 cebolla mediana, finamente picada

1 litro de leche

Sal y pimienta negra recién molida

[1] 1/2 taza de vino blanco seco

1. En un horno holandés grande u otra olla profunda y pesada con tapa hermética, combine la carne de cerdo, panceta, zanahoria, apio, cebolla, leche y sal y pimienta al gusto. Lleve el líquido a fuego lento a fuego medio.

2. Tape parcialmente la olla y cocine a fuego medio, volteando ocasionalmente, aproximadamente 2 horas o hasta que la carne esté tierna al pincharla con un tenedor.

3. Transfiera la carne a una tabla de cortar. Cubrir con papel de aluminio para mantener el calor. Sube el fuego debajo de la olla y cocina hasta que el líquido se reduzca y se dore ligeramente. Vierta los jugos a través de un colador en un tazón, luego vierta el líquido nuevamente en la olla

4. Vierta el vino en la olla y cocine a fuego lento, raspando y mezclando los trozos dorados con una cuchara de madera. Corta la carne de cerdo en rodajas y colócala en una fuente caliente. Vierta el líquido de cocción por encima. Servir caliente.

Paletilla de cerdo braseada con uvas

Maiale all 'Uva

Rinde de 6 a 8 porciones

La paleta o lomo de cerdo es especialmente bueno para estofar. Se mantiene agradable y húmedo a pesar del largo hervor. Solía hacer esta receta siciliana con lomo de cerdo, pero ahora encuentro que el lomo es demasiado magro y la paleta tiene más sabor.

1 libra de cebollas perla

3 libras de paleta o trasero de cerdo deshuesado, enrollado y atado

2 cucharadas de aceite de oliva

Sal y pimienta negra recién molida

1 1/4 taza de vinagre de vino blanco

1 libra de uvas verdes sin semillas, sin tallo (aproximadamente 3 tazas)

1. Traiga una olla grande con agua a hervir. Agrega las cebollas y cocina por 30 segundos. Escurrir y enfriar con agua corriente fría.

2. Con un cuchillo de cocina afilado, afeite la punta de los extremos de la raíz. No corte los extremos demasiado profundamente o las cebollas se desmoronarán durante la cocción. Retirar las pieles.

3. En un horno holandés lo suficientemente grande para contener la carne u otra olla profunda y pesada con una tapa hermética, caliente el aceite a fuego medio-alto. Seque la carne de cerdo con toallas de papel. Coloque la carne de cerdo en la olla y dore bien por todos lados, unos 20 minutos. Inclina la olla y quita la grasa con una cuchara. Espolvorea la carne de cerdo con sal y pimienta.

4. Agregue el vinagre y déjelo a fuego lento, raspando los trozos dorados del fondo de la olla con una cuchara de madera. Agrega las cebollas y 1 taza de agua. Reduzca el fuego a bajo y cocine a fuego lento durante 1 hora.

5. Agrega las uvas. Cocine 30 minutos más o hasta que la carne esté muy tierna al pincharla con un tenedor. Transfiera la carne a una tabla de cortar. Cubrir con papel de aluminio para mantener el calor y dejar reposar 15 minutos.

6. Corta la carne de cerdo en rodajas y colócala en una fuente caliente. Vierta la salsa de uva y cebolla y sirva inmediatamente.

Paleta de cerdo a la cerveza

Maiale alla Birra

Rinde 8 porciones

Los muslos de cerdo frescos se cocinan de esta manera en Trentino-Alto Adige, pero como ese corte no está ampliamente disponible en los Estados Unidos, utilizo los mismos condimentos para cocinar una paleta con hueso. Habrá mucha grasa al final del tiempo de cocción, pero esta se puede quitar fácilmente de la superficie del líquido de cocción. Mejor aún, cocine la carne de cerdo un día antes de servir y enfríe la carne y los jugos de cocción por separado. La grasa se endurecerá y podrá eliminarse fácilmente. Vuelva a calentar la carne de cerdo en el líquido de cocción antes de servir.

5 a 7 libras de paleta de cerdo con hueso (picnic o trasero de Boston)

Sal y pimienta negra recién molida

2 cucharadas de aceite de oliva

1 cebolla mediana, finamente picada

2 dientes de ajo finamente picados

2 ramitas de romero fresco

2 hojas de laurel

12 onzas de cerveza

1. Seque la carne de cerdo con toallas de papel. Espolvorea la carne con sal y pimienta.

2. En un horno holandés grande u otra olla profunda y pesada con tapa hermética, caliente el aceite a fuego medio. Coloque la carne de cerdo en la olla y dórela bien por todos lados, aproximadamente 20 minutos. Quite toda la grasa menos 1 o 2 cucharadas.

3. Esparcir la cebolla, el ajo, el romero y las hojas de laurel por toda la carne y cocinar 5 minutos. Agregue la cerveza y cocine a fuego lento.

4. Tape la olla y cocine, volteando la carne de vez en cuando, durante 21/2 a 3 horas, o hasta que la carne esté tierna al pincharla con un cuchillo.

5. Colar los jugos de la sartén y quitar la grasa. Cortar el cerdo en rodajas y servirlo con los jugos de la sartén. Servir caliente.

Chuletas de Cordero al Vino Blanco

Braciole di Agnello al Vino Bianco

Rinde 4 porciones

Aquí hay una forma básica de preparar chuletas de cordero que se pueden hacer con lomo tierno o cortes de costilla o con chuletas de hombro más masticables, pero mucho menos costosas. Para obtener el mejor sabor, corte la carne del exceso de grasa y cocine las chuletas hasta que estén rosadas en el centro.

2 cucharadas de aceite de oliva

8 chuletas de cordero de lomo o costilla, de 1 pulgada de grosor, recortadas

4 dientes de ajo, ligeramente triturados

3 o 4 ramitas de romero (2 pulgadas)

Sal y pimienta negra recién molida

1 taza de vino blanco seco

1. En una sartén lo suficientemente grande como para contener las chuletas cómodamente en una sola capa, caliente el aceite a fuego medio-alto. Cuando el aceite esté caliente, seque las chuletas. Espolvoree las chuletas con sal y pimienta, luego colóquelas en la sartén. Cocine hasta que las chuletas estén doradas, unos 4 minutos. Esparce el ajo y el romero alrededor de la carne. Con unas pinzas, voltee las chuletas y dore por el otro lado, unos 3 minutos. Transfiera las chuletas a un plato.

2. Agregue el vino a la sartén y cocine a fuego lento. Cocine, raspando y mezclando los trozos dorados en el fondo de la sartén, hasta que el vino se reduzca y espese ligeramente, aproximadamente 2 minutos.

3. Regrese las chuletas a la sartén y cocínelas 2 minutos más, dándoles la vuelta en la salsa una o dos veces hasta que estén rosadas cuando se cortan cerca del hueso. Transfiera las chuletas a una fuente, vierta los jugos de la sartén sobre las chuletas y sirva inmediatamente.

Chuletas de Cordero con Alcaparras, Limón y Salvia

Braciole di Agnello con Capperi

Rinde 4 porciones

Vecchia Roma es uno de mis restaurantes romanos favoritos. Al margen del antiguo gueto, tiene un hermoso jardín al aire libre para comer cuando el clima es cálido y soleado, pero también disfruto de los acogedores comedores interiores cuando hace frío o llueve. Este cordero está inspirado en un plato que probé allí elaborado con pequeñas pepitas de cordero lechal. En cambio, lo he adaptado a las chuletas tiernas, porque aquí están ampliamente disponibles.

1 cucharada de aceite de oliva

8 chuletas de cordero de lomo o costilla, de 1 pulgada de grosor, recortadas

Sal y pimienta negra recién molida

1/2 taza de vino blanco seco

3 cucharadas de jugo de limón fresco

3 cucharadas de alcaparras, enjuagadas y picadas

6 hojas frescas de salvia

1. En una sartén grande, caliente el aceite a fuego medio-alto. Seque las chuletas. Cuando el aceite esté caliente, espolvoréalos con sal y pimienta, luego coloca las chuletas en la sartén. Cocine hasta que las chuletas estén doradas, unos 4 minutos. Con unas pinzas, voltee las chuletas y dore por el otro lado, unos 3 minutos. Transfiera las chuletas a un plato.

2. Vierta la grasa de la sartén. Reduce el calor al mínimo. Revuelva el vino, el jugo de limón, las alcaparras y la salvia en la sartén. Deje hervir a fuego lento y cocine 2 minutos o hasta que esté ligeramente almibarado.

3. Regrese las chuletas a la sartén y déles la vuelta una o dos veces hasta que estén completamente calientes y estén rosadas cuando se cortan cerca del hueso. Servir inmediatamente.

Chuletas de cordero crujientes

Braciolette Croccante

Rinde 4 porciones

En Milán, comí chuletas de cabra preparadas de esta manera, acompañadas de corazones de alcachofa fritos en el mismo rebozado crujiente. Los romanos usan pequeñas chuletas de cordero en lugar de cabra y omiten el queso. De cualquier manera, una ensalada mixta crujiente es el acompañamiento perfecto.

8 a 12 chuletas de cordero de costilla, de aproximadamente 3/4 de pulgada de grosor, bien recortadas

2 huevos grandes

Sal y pimienta negra recién molida

1 1/4 tazas de pan rallado seco

1/2 taza de Parmigiano-Reggiano recién rallado

Aceite de oliva para freír

1. Coloque las chuletas en una tabla de cortar y golpee suavemente la carne hasta que tenga un grosor de aproximadamente 1/2 pulgada.

2. En un plato llano, bata los huevos con sal y pimienta al gusto. Mezcle el pan rallado con el queso en una hoja de papel encerado.

3. Sumerja las chuletas una a la vez en los huevos, luego enróllelas en el pan rallado, dándole palmaditas bien en las migas.

4. Encienda el horno al mínimo. Vierta aproximadamente 1/2 pulgada de aceite en una sartén profunda. Caliente el aceite a fuego medio-alto hasta que un poco de la mezcla de huevo se cocine rápidamente cuando se vierte en el aceite. Con unas pinzas, coloque con cuidado algunas de las chuletas en el aceite sin llenar la sartén. Cocine hasta que esté dorado y crujiente, de 3 a 4 minutos. Dar la vuelta a las chuletas con pinzas y dorar, 3 minutos. Escurre las chuletas sobre papel toalla. Mantenga las chuletas fritas calientes en el horno mientras fríe el resto. Servir caliente.

Chuletas de Cordero con Alcachofas y Aceitunas

Costolette di Agnello ai Carciofi e Olive

Rinde 4 porciones

Todos los ingredientes de este platillo se cocinan en la misma sartén para que los sabores complementarios del cordero, las alcachofas y las aceitunas se mezclen suavemente. Una verdura brillante como zanahorias o tomates horneados sería un buen acompañamiento.

2 cucharadas de aceite de oliva

8 chuletas de cordero de costilla o lomo, de aproximadamente 1 pulgada de grosor, recortadas

Sal y pimienta negra recién molida al gusto.

2 cucharadas de aceite de oliva

3 1/4 taza de vino blanco seco

8 alcachofas pequeñas o 4 medianas, recortadas y cortadas en octavos

1 diente de ajo finamente picado

1 1/2 taza de aceitunas negras pequeñas suaves, como Gaeta

1 cucharada de perejil fresco picado

1. En una sartén lo suficientemente grande para mantener las chuletas en una sola capa, caliente el aceite a fuego medio. Seque el cordero con palmaditas. Cuando el aceite esté caliente, espolvorea las chuletas con sal y pimienta, luego colócalas en la sartén. Cocine hasta que las chuletas estén doradas, de 3 a 4 minutos. Con unas pinzas, voltee las chuletas para que se doren por el otro lado, aproximadamente 3 minutos. Transfiera las chuletas a un plato.

2. Enciende el fuego a medio-bajo. Agregue el vino y deje hervir a fuego lento. Cocine 1 minuto. Agrega las alcachofas, el ajo y sal y pimienta al gusto. Tape la sartén y cocine 20 minutos o hasta que las alcachofas estén tiernas.

3. Agregue las aceitunas y el perejil y cocine 1 minuto más. Regrese las chuletas a la sartén y cocine, dando vuelta al cordero una o dos veces hasta que esté bien caliente. Servir inmediatamente.

Chuletas de Cordero con Salsa de Tomate, Alcaparras y Anchoas

Costelette d'Agnello en Salsa

Rinde 4 porciones

Una salsa de tomate picante da sabor a estas chuletas estilo Calabrese. Las chuletas de cerdo también se pueden cocinar de esta manera.

2 cucharadas de aceite de oliva

8 chuletas de cordero de costilla o lomo, de aproximadamente 3/4 de pulgada de grosor, recortadas

6 a 8 tomates ciruela, pelados, sin semillas y picados

4 filetes de anchoa picados

1 cucharada de alcaparras, enjuagadas y picadas

2 cucharadas de perejil fresco picado

1. En una sartén lo suficientemente grande como para contener las chuletas cómodamente en una sola capa, caliente el aceite a fuego medio. Cuando el aceite esté caliente, seque las chuletas.

Espolvoree las chuletas con sal y pimienta, luego agregue las chuletas a la sartén. Cocine hasta que las chuletas estén doradas, unos 4 minutos. Con unas pinzas, voltee las chuletas y dore por el otro lado, unos 3 minutos. Transfiera las chuletas a un plato.

2. Agrega los tomates, las anchoas y las alcaparras a la sartén. Agrega una pizca de sal y pimienta al gusto. Cocine 5 minutos o hasta que espese un poco.

3. Regrese las chuletas a la sartén y cocine, dándoles la vuelta una o dos veces en la salsa hasta que estén calientes y rosadas cuando se cortan cerca del hueso. Espolvoree con perejil y sirva inmediatamente.

Chuletas de cordero "quemar los dedos"

Agnello a Scottadito

Rinde 4 porciones

En la receta que inspiró este plato, de un viejo libro de cocina de la cocina de Umbría, la grasa de prosciutto finamente picada le da sabor al cordero. La mayoría de cocineros sustituyen hoy el aceite de oliva. Los chuletones de cordero también son buenos de esta manera.

Es de suponer que el nombre proviene de la idea de que las chuletas son tan deliciosas que no puede evitar comerlas de inmediato: calientes, recién sacadas de la parrilla o de la sartén.

1/4 taza de aceite de oliva

2 dientes de ajo finamente picados

1 cucharada de romero fresco picado

1 cucharadita de tomillo fresco picado

8 chuletas de cordero, de aproximadamente 1 pulgada de grosor, recortadas

Sal y pimienta negra recién molida

1. En un tazón pequeño, mezcle el aceite, el ajo, las hierbas y la sal y pimienta al gusto. Cepille la mezcla sobre el cordero. Cubra y refrigere 1 hora.

2. Coloque una parrilla o parrilla a unas 5 pulgadas de distancia de la fuente de calor. Precaliente la parrilla o el asador.

3. Quita un poco de la marinada. Ase o ase las chuletas hasta que estén doradas y crujientes, aproximadamente 5 minutos. Con unas pinzas, voltee las chuletas y cocine hasta que estén doradas y ligeramente rosadas en el centro, unos 5 minutos más. Servir caliente.

Cordero a la brasa, estilo Basilicata

Agnello allo Spiedo

Rinde 4 porciones

Basilicata puede ser mejor conocida por su representación en Cristo detenido en Eboli de Carlo Levi. El autor pintó un retrato desolador de la región antes de la Segunda Guerra Mundial, cuando muchos presos políticos fueron enviados al exilio. Hoy en día, Basilicata, aunque todavía está escasamente poblada, está prosperando, y muchos turistas se aventuran allí por las hermosas playas cercanas a Maratea.

El cerdo y el cordero son carnes típicas de esta región, y los dos se combinan en esta receta. La panceta que envuelve los cubos de cordero se vuelve crujiente y sabrosa. Mantiene el cordero húmedo y le da sabor mientras se asa.

1 1/2 libras de pierna de cordero deshuesada, cortada en trozos de 2 pulgadas

2 dientes de ajo finamente picados

1 cucharada de romero fresco picado

Sal y pimienta negra recién molida

4 onzas de panceta en rodajas finas

1/4 taza de aceite de oliva

2 cucharadas de vinagre de vino tinto

1. Coloque una parrilla para barbacoa o parrilla a unas 5 pulgadas de la fuente de calor. Precaliente la parrilla o el asador.

2. En un tazón grande, mezcle el cordero con el ajo, el romero y sal y pimienta al gusto.

3. Desenrolla las rodajas de panceta. Envuelva una rodaja de panceta alrededor de cada trozo de cordero.

4. Enhebre el cordero en brochetas de madera, asegurando la panceta en su lugar con la brocheta. Coloque las piezas juntas sin amontonarse. En un tazón pequeño, mezcle el aceite y el vinagre. Cepille la mezcla sobre el cordero.

5. Asa o asa las brochetas, dándoles la vuelta de vez en cuando, hasta que estén cocidas al gusto; de 5 a 6 minutos para las brochetas a fuego medio. Servir caliente.

Brochetas de Cordero a la Parrilla

Arrosticini

Rinde 4 porciones

En Abruzzo, se marinan pequeños bocados de cordero, se ensartan en brochetas de madera y se asan a la parrilla sobre fuego caliente. Las brochetas cocidas se sirven de pie en una taza o jarra alta, y todos se sirven, comiéndose el cordero directamente de los palitos. Son ideales para un buffet, servidos con pimientos asados o salteados.

2 dientes de ajo

Sal

1 libra de cordero de la pierna, recortado y cortado en trozos de 3/4 de pulgada

3 cucharadas de aceite de oliva extra virgen

2 cucharadas de menta fresca picada

1 cucharadita de tomillo fresco picado

Pimienta negra recién molida

1. Pica el ajo muy fino. Espolvoree el ajo con una pizca de sal y tritúrelo con el costado de un cuchillo de chef grande y pesado hasta obtener una pasta fina.

2. En un tazón grande, mezcle el cordero con la pasta de ajo, aceite, hierbas y sal y pimienta al gusto. Cubra y deje marinar a temperatura ambiente durante 1 hora o en el refrigerador durante varias horas o durante la noche.

3. Coloque una parrilla para barbacoa o parrilla a unas 5 pulgadas de la fuente de calor. Precaliente la parrilla o el asador.

4. Enhebre la carne en las brochetas. Coloque las piezas juntas sin amontonarse. Asa o asa el cordero durante 3 minutos o hasta que se dore. Dar la vuelta a la carne con pinzas y cocinar de 2 a 3 minutos más o hasta que esté dorada por fuera pero todavía rosada en el centro. Servir caliente.

Estofado de Cordero con Romero, Menta y Vino Blanco

Agnello en Umido

Rinde 4 porciones

La paleta de cordero es ideal para guisar. La carne tiene suficiente humedad para resistir una cocción lenta y prolongada, y aunque es dura si se cocina poco, resulta tierna como un tenedor en un guiso. Si solo se dispone de paleta de cordero con hueso, se puede adaptar a recetas de guisado. Calcule una libra o dos más de carne con hueso, dependiendo de qué tan huesuda sea. Cocine el cordero con hueso unos 30 minutos más que el deshuesado, o hasta que la carne se desprenda de los huesos.

2 1/2 libras de paleta de cordero deshuesada, cortada en trozos de 2 pulgadas

1 1/4 taza de aceite de oliva

Sal y pimienta negra recién molida al gusto.

1 cebolla grande picada

4 dientes de ajo picados

2 cucharadas de romero fresco picado

2 cucharadas de perejil fresco picado

1 cucharada de menta fresca picada

1/2 taza de vino blanco seco

Aproximadamente 1/2 taza de caldo de res (Caldo de carne) o agua

2 cucharadas de pasta de tomate

1. En un horno holandés grande u otra olla profunda y pesada con tapa hermética, caliente el aceite a fuego medio. Seca el cordero con toallas de papel. Coloque en la olla tantas piezas de cordero como quepan cómodamente en una sola capa. Cocine, revolviendo con frecuencia, hasta que se dore por todos lados, aproximadamente 20 minutos. Transfiera el cordero dorado a un plato. Espolvorear con sal y pimienta. Cocine el cordero restante de la misma manera.

2. Cuando toda la carne esté dorada, retire el exceso de grasa con una cuchara. Agregue la cebolla, el ajo y las hierbas y revuelva bien. Cocine hasta que la cebolla se haya marchitado, unos 5 minutos.

3. Agregue el vino y cocine a fuego lento, raspando y mezclando los trozos dorados en el fondo de la olla. Cocine 1 minuto.

4. Agrega el caldo y la pasta de tomate. Reduzca el fuego a bajo. Tape y cocine 1 hora, revolviendo ocasionalmente, o hasta que el cordero esté tierno. Agregue un poco de agua si la salsa se seca demasiado. Servir caliente.

Estofado de Cordero de Umbría con Puré de Garbanzos

Agnello del Colle

Rinde 6 porciones

La polenta y el puré de papas son acompañamientos frecuentes de los guisos en Italia, así que me sorprendió cuando este guiso se sirvió con puré de garbanzos en Umbría. Los garbanzos enlatados funcionan bien, o puede cocinar garbanzos secos con anticipación.

2 cucharadas de aceite de oliva

3 libras de paleta de cordero deshuesada, cortada en trozos de 2 pulgadas

Sal y pimienta negra recién molida

2 dientes de ajo finamente picados

1 taza de vino blanco seco

1 1/2 tazas de tomates frescos o enlatados picados

1 paquete (10 onzas) de champiñones blancos, en rodajas

2 latas (16 onzas) de garbanzos o 5 tazas de garbanzos cocidos

Aceite de oliva virgen extra

1. En un horno holandés grande u otra olla profunda y pesada con tapa hermética, caliente el aceite a fuego medio. Ponga en la olla suficientes trozos de cordero que quepan cómodamente en una sola capa. Cocine, revolviendo ocasionalmente, hasta que se dore por todos lados, aproximadamente 20 minutos. Transfiera el cordero dorado a un plato. Espolvorear con sal y pimienta. Cocine el cordero restante de la misma manera.

2. Cuando toda la carne esté dorada, vierta el exceso de grasa de la sartén. Esparcir el ajo en la sartén y cocinar 1 minuto. Agrega el vino. Con una cuchara de madera, raspe y mezcle con los trozos dorados en el fondo de la sartén. Deje hervir a fuego lento y cocine 1 minuto.

3. Regrese el cordero a la olla. Agregue los tomates y los champiñones y cocine a fuego lento. Reduzca el fuego a bajo. Tape y cocine, revolviendo ocasionalmente, 1 hora y media o hasta que el cordero esté tierno y la salsa se reduzca. Si hay demasiado líquido, retire la tapa durante los últimos 15 minutos.

4. Justo antes de servir, calienta los garbanzos y su líquido en una cacerola mediana. Luego transfiéralos a un procesador de alimentos para hacer puré o tritúrelos con un machacador de

papas. Agrega un poco de aceite de oliva extra virgen y pimienta negra al gusto. Vuelva a calentar si es necesario.

5. Para servir, coloque algunos de los garbanzos en cada plato. Rodea el puré con el estofado de cordero. Servir caliente.

Cordero estilo cazador

Agnello alla Cacciatora

Rinde de 6 a 8 porciones

Los romanos hacen este estofado de cordero con abbacchio, cordero tan joven que nunca ha comido hierba. Creo que el sabor del cordero maduro combina mejor con el picante romero picado, el vinagre, el ajo y la anchoa que terminan la salsa.

4 libras de paleta de cordero con hueso, cortada en trozos de 2 pulgadas

Sal y pimienta negra recién molida

2 cucharadas de aceite de oliva

4 dientes de ajo picados

4 hojas frescas de salvia

2 (2 pulgadas) ramitas de romero fresco

1 taza de vino blanco seco

6 filetes de anchoa

1 cucharadita de hojas de romero frescas finamente picadas

2 a 3 cucharadas de vinagre de vino

1. Seque los trozos con toallas de papel. Espolvoréalos con sal y pimienta.

2. En un horno holandés grande u otra olla profunda y pesada con tapa hermética, caliente el aceite a fuego medio. Agregue suficiente cordero para que quepa cómodamente en una capa. Cocine, revolviendo, para que se dore bien por todos lados. Transfiera la carne dorada a un plato. Continuar con el cordero restante.

3. Cuando todo el cordero esté dorado, retire la mayor parte de la grasa de la sartén con una cuchara. Agrega la mitad del ajo, la salvia y el romero y revuelve. Agregue el vino y cocine 1 minuto, raspando y mezclando los trozos dorados en el fondo de la sartén con una cuchara de madera.

4. Regrese los trozos de cordero a la sartén. Reduce el calor al mínimo. Tape y cocine, revolviendo ocasionalmente, durante 2 horas o hasta que el cordero esté tierno y se desprenda de los huesos. Agregue un poco de agua si el líquido se evapora demasiado rápido.

5. Para hacer el pesto: Pica las anchoas, el romero y el ajo restante. Colócalos en un tazón pequeño. Agregue la cantidad suficiente de vinagre para formar una pasta.

6. Revuelva el pesto en el guiso y cocine a fuego lento durante 5 minutos. Servir caliente.

Guiso de Cordero, Papa y Tomate

Stufato di Agnello e Verdure

Rinde de 4 a 6 porciones

Aunque suelo usar paleta de cordero para guisar, a veces uso recortes que sobran de la pierna o la pierna. La textura de estos cortes es un poco más masticable, pero requieren menos cocción y aún así hacen un buen guiso. Tenga en cuenta que en esta receta del sur de Italia, la carne se coloca en la olla de una vez, por lo que solo se dora ligeramente antes de agregar los otros ingredientes.

1 cebolla grande picada

2 cucharadas de aceite de oliva

2 libras de pierna o pierna de cordero deshuesada, cortada en trozos de 1 pulgada

Sal y pimienta negra recién molida, al gusto.

1/2 taza de vino blanco seco

3 tazas de tomates enlatados escurridos y picados

1 cucharada de romero fresco picado

1 libra de papas hirviendo cerosas, cortadas en trozos de 1 pulgada

2 zanahorias, cortadas en rodajas de 1/2 pulgada de grosor

1 taza de guisantes frescos o guisantes congelados, parcialmente descongelados

2 cucharadas de perejil fresco picado

1. En un horno holandés grande u otra olla profunda y pesada con tapa hermética, cocine la cebolla en el aceite de oliva a fuego medio hasta que se ablande, aproximadamente 5 minutos. Agrega el cordero. Cocine, revolviendo con frecuencia, hasta que las piezas estén ligeramente doradas. Espolvorear con sal y pimienta. Agregue el vino y déjelo a fuego lento.

2. Agrega los tomates y el romero. Reduce el calor al mínimo. Tape y cocine 30 minutos.

3. Agrega las papas, las zanahorias y la sal y pimienta al gusto. Cocine a fuego lento 30 minutos más, revolviendo ocasionalmente, hasta que el cordero y las papas estén tiernas. Agrega los guisantes y cocina 10 minutos más. Espolvoree con perejil y sirva inmediatamente.

Guiso de Cordero y Pimienta

Spezzato d'Agnello con Peperone

Rinde 4 porciones

El picor y dulzor de los pimientos y la riqueza del cordero los convierten en dos alimentos perfectamente adecuados entre sí. En esta receta, una vez que la carne esté dorada, hay poco que hacer excepto revolverla de vez en cuando.

1/4 taza de aceite de oliva

2 libras de paleta de cordero deshuesada, cortada en trozos de 1 1/2 pulgadas

Sal y pimienta negra recién molida, al gusto.

1/2 taza de vino blanco seco

2 cebollas medianas, en rodajas

1 pimiento rojo grande

1 pimiento verde grande

6 tomates ciruela, pelados, sin semillas y picados

1. En una cazuela grande o en un horno holandés, caliente el aceite a fuego medio. Seque el cordero con palmaditas. Agregue suficiente cordero a la sartén para que quepa cómodamente en una sola capa. Cocine, revolviendo, hasta que se dore por todos lados, aproximadamente 20 minutos. Transfiera el cordero dorado a un plato. Continúe cocinando el cordero restante de la misma manera. Espolvorea toda la carne con sal y pimienta.

2. Cuando toda la carne esté dorada, retire el exceso de grasa con una cuchara. Agregue el vino a la olla y revuelva bien, raspando los trozos dorados. Llevar a fuego lento.

3. Regrese el cordero a la olla. Agregue las cebollas, los pimientos y los tomates. Reduzca el fuego a bajo. Tape la olla y cocine por 1 hora y media o hasta que la carne esté muy tierna. Servir caliente.

Cazuela De Cordero Con Huevos

Agnello Cacio e Uova

Rinde 6 porciones

Debido a que los huevos y el cordero están asociados con la primavera, es natural combinarlos en las recetas. En este plato, popular de una forma u otra en el centro y sur de Italia, los huevos y el queso forman un aderezo ligero de crema para un estofado de cordero. Es una receta típica de Pascua, por lo que si desea prepararla para la comida navideña, transfiera el estofado cocido a una bonita cazuela para hornear y servir antes de agregar la cobertura. Una combinación de carne de cordero de la pierna y la paleta le da una textura más interesante.

2 cucharadas de aceite de oliva

2 cebollas medianas

3 libras de pierna y hombro de cordero deshuesado, recortado y cortado en trozos de 2 pulgadas

Sal y pimienta negra recién molida al gusto.

1 cucharada de romero finamente picado

11/2 tazas caserasCaldo de carne o Caldo de pollo, o caldo de res o pollo comprado en la tienda

2 tazas de guisantes frescos sin cáscara o 1 paquete (10 onzas) de guisantes congelados, parcialmente descongelados

3 huevos grandes

1 cucharada de perejil fresco picado

1/2 taza de Pecorino Romano recién rallado

1. Coloque una rejilla en el centro del horno. Precalienta el horno a 425 ° F. En un horno holandés u otra olla profunda y pesada con una tapa hermética, caliente el aceite a fuego medio. Agrega la cebolla y el cordero. Cocine, revolviendo ocasionalmente, hasta que el cordero esté ligeramente dorado por todos lados, aproximadamente 20 minutos. Espolvorear con sal y pimienta.

2. Agrega el romero y el caldo. Revuelva bien. Tape y hornee, revolviendo ocasionalmente, 60 minutos o hasta que la carne esté tierna. Agregue un poco de agua tibia si es necesario para evitar que el cordero se seque. Agregue los guisantes y cocine 5 minutos más.

3. En un tazón mediano, bata los huevos, el perejil, el queso y la sal y pimienta al gusto, hasta que estén bien mezclados. Vierta la mezcla uniformemente sobre el cordero.

4. Hornee sin tapar durante 5 minutos o hasta que los huevos estén listos. Servir inmediatamente.

Cordero o cabrito con patatas, estilo siciliano

Capretto o Agnello al Forno

Rinde de 4 a 6 porciones

Baglio Elena, cerca de Trapani en Sicilia, es una granja en funcionamiento que produce aceitunas, aceite de oliva y otros alimentos. También es una posada donde los visitantes pueden detenerse a comer en un encantador comedor rústico o quedarse de vacaciones. Cuando visité, me sirvieron una cena de varios platos de especialidades sicilianas que incluía varios tipos de aceitunas preparadas de diferentes maneras, excelente salame hecho en el lugar, una variedad de verduras y este sencillo guiso. La carne y las papas se cuecen en ningún otro líquido que no sea una pequeña cantidad de vino y los jugos de la carne y las verduras, creando una sinfonía de sabores.

Kid está disponible en muchas carnicerías étnicas, incluidas las de Haití, Oriente Medio e Italia. Es tan similar al cordero que puede ser difícil notar la diferencia.

3 libras de cabrito con hueso (cabrito) o paleta de cordero, cortada en trozos de 2 pulgadas

2 cucharadas de aceite de oliva

Sal y pimienta negra recién molida

2 cebollas, en rodajas finas

1/2 taza de vino blanco seco

1/4 de cucharadita de clavo molido

2 (2 pulgadas) ramitas de romero

1 hoja de laurel

4 papas medianas para todo uso, cortadas en trozos de 1 pulgada

2 tazas de tomates cherry, cortados por la mitad

2 cucharadas de perejil fresco picado

1. Coloque una rejilla en el centro del horno. Precalienta el horno a 350 ° F. En un horno holandés grande u otra olla profunda y pesada con tapa hermética, caliente el aceite a fuego medio. Seque el cordero con toallas de papel. Agregue la carne suficiente para que quepa en la olla cómodamente sin amontonarse. Cocine, volteando los trozos con pinzas hasta que se doren por todos lados, unos 15 minutos. Transfiera las piezas a un plato. Continúe cocinando la carne restante de la misma manera. Espolvorear con sal y pimienta.

2. Cuando toda la carne esté dorada, retire la mayor parte de la grasa de la sartén. Agregue la cebolla y cocine, revolviendo ocasionalmente, hasta que la cebolla se haya marchitado, aproximadamente 5 minutos.

3. Regrese la carne a la olla. Agregue el vino y déjelo a fuego lento. Cocine 1 minuto, revolviendo con una cuchara de madera. Agrega los clavos, el romero, la hoja de laurel y sal y pimienta al gusto. Tape la olla y transfiérala al horno. Cocine 45 minutos.

4. Agrega las papas y los tomates. Tape y cocine 45 minutos más o hasta que la carne y las papas estén tiernas al pincharlas con un tenedor. Espolvorear con perejil y servir caliente.

Cazuela de papas y cordero de Apulia

Tiella di Agnello

Rinde 6 porciones

Los guisos en capas horneados en el horno son una especialidad de Apulia. Se pueden hacer con carne, pescado o verduras, alternando con patatas, arroz o pan rallado. Tiella es el nombre que se le da tanto a este método de cocción como al tipo de plato en el que se cocina la cazuela. La clásica tiella es un plato hondo redondo hecho de terracota, aunque en la actualidad se suelen utilizar cacerolas de metal.

El método de cocción es el más inusual. Ninguno de los ingredientes está dorado ni precocido. Todo se coloca en capas y se hornea hasta que esté tierno. La carne estará bien hecha, pero aún húmeda y deliciosa porque los trozos están rodeados por las papas. La capa inferior de papas se derrite suave y tierna y está llena de carne y jugos de tomate, mientras que la capa superior sale tan crujiente como papas fritas, aunque mucho más sabrosa.

Para la carne, utilice trozos de pierna de cordero bien recortados. Compro la mitad de una pierna de cordero en mariposa en el supermercado, luego la corto en casa en trozos de 2 a 3 pulgadas, recortando la grasa. Es perfecto para esta receta.

4 cucharadas de aceite de oliva

2 libras de papas para hornear, peladas y en rodajas finas

1/2 taza de pan rallado seco

1/2 taza de Pecorino Romano o Parmigiano-Reggiano recién rallado

1 diente de ajo finamente picado

1/2 taza de perejil fresco picado

1 cucharada de romero fresco picado o 1 cucharadita seca

1/2 cucharadita de orégano seco

Sal y pimienta negra recién molida

2 1/2 libras de cordero deshuesado, recortado y cortado en trozos de 2 a 3 pulgadas

1 taza de tomates enlatados escurridos, picados

1 taza de vino blanco seco

1/2 taza de agua

1. Coloque una rejilla en el centro del horno. Precalienta el horno a 400 ° F. Unte 2 cucharadas de aceite en un molde para hornear de 13 × 9 × 2 pulgadas. Seque las papas con palmaditas y esparza aproximadamente la mitad de ellas, superponiendo ligeramente, en el fondo de la sartén.

2. En un tazón mediano, mezcle el pan rallado, el queso, el ajo, las hierbas y la sal y pimienta al gusto. Esparcir la mitad de la mezcla de migas sobre las papas. Coloca la carne encima de las migas. Sasona la carne con sal y pimienta. Extienda los tomates sobre la carne. Coloca las papas restantes encima. Vierta el vino y el agua. Esparcir el resto de la mezcla de migas sobre todo. Rocíe con las 2 cucharadas restantes de aceite de oliva.

3. Hornee de 1 1/2 a 1 3/4 horas o hasta que la carne y las papas estén tiernas al pincharlas con un tenedor y todo esté bien dorado. Servir caliente.

Pierna de Cordero con Garbanzos

Stinco di Agnello con Ceci

Rinde 4 porciones

Los mangos necesitan una cocción lenta y prolongada, pero cuando están listos, la carne está húmeda y casi se derrite en la boca. Si compra muslos de cordero en el supermercado, es posible que la carne necesite un recorte adicional. Con un pequeño cuchillo para deshuesar, corte la mayor cantidad de grasa posible, pero deje intacta la fina capa de aspecto nacarado de la carne conocida como piel plateada. Ayuda a que la carne mantenga su forma mientras se cocina. Utilizo patas para una serie de recetas que los italianos harían con su pierna de cordero más pequeña.

2 cucharadas de aceite de oliva

4 patas de cordero pequeñas, bien recortadas

Sal y pimienta negra recién molida

1 cebolla pequeña picada

2 tazas de caldo de res (Caldo de carne)

1 taza de tomates pelados, sin semillas y picados

1/2 cucharadita de mejorana seca o tomillo

4 zanahorias, peladas y cortadas en trozos de 1 pulgada

2 costillas de apio tiernas, cortadas en trozos de 1 pulgada

3 tazas de garbanzos cocidos o 2 latas (de 16 onzas), escurridos

1. En un horno holandés lo suficientemente grande como para mantener los vástagos en una sola capa, u otra olla profunda y pesada con una tapa hermética, caliente el aceite a fuego medio. Seque las piernas de cordero y dórelas bien por todos lados, aproximadamente 15 minutos. Incline la sartén y retire el exceso de grasa con una cuchara. Espolvorear con sal y pimienta. Agrega la cebolla y cocina 5 minutos más.

2. Agregue el caldo, los tomates y la mejorana y cocine a fuego lento. Reduzca el fuego a bajo. Tape y cocine durante 1 hora, volteando las patas de vez en cuando.

3. Agrega las zanahorias, el apio y los garbanzos. Cocine 30 minutos más o hasta que la carne esté tierna al pincharla con un cuchillo pequeño. Servir caliente.

Pierna de Cordero con Pimientos y Prosciutto

Brasato di Stinco di Agnello con Peperoni e Prosciutto

Rinde 6 porciones

En Senagalia, en la costa adriática de las Marcas, comí en la Osteria del Tempo Perso, en el centro histórico de este encantador casco antiguo. Como primer plato, comí cappelletti, "sombreritos" rellenos de pasta fresca con salchicha y salsa de verduras, seguido de un estofado de cordero cubierto con pimientos morrones de colores vivos y tiras de prosciutto. He adaptado los sabores del guiso a las piernas de cordero en esta receta.

4 cucharadas de aceite de oliva

6 piernas de cordero pequeñas, bien recortadas

Sal y pimienta negra recién molida

1/2 taza de vino blanco seco

Ramita de 2 pulgadas de romero fresco o 1/2 cucharadita seca

    1 1/2 tazas Caldo de carne

2 pimientos morrones rojos, cortados en tiras de 1/2 pulgada

1 pimiento amarillo, cortado en tiras de 1/2 pulgada

1 cucharada de mantequilla sin sal

2 onzas de prosciutto italiano importado en rodajas, cortado en tiras finas

2 cucharadas de perejil fresco picado

1. En un horno holandés lo suficientemente grande como para sostener las piernas de cordero en una sola capa, u otra olla profunda y pesada con una tapa hermética, caliente el aceite a fuego medio. Seque las piernas de cordero. Dorarlos bien por todos lados, dando vuelta los trozos con pinzas, unos 15 minutos. Incline la sartén y retire el exceso de grasa con una cuchara. Espolvorear con sal y pimienta.

2. Agregue el vino y cocine, raspando y mezclando los trozos dorados en el fondo de la sartén con una cuchara de madera. Deje hervir a fuego lento y cocine 1 minuto.

3. Agrega el romero y el caldo y deja que el líquido hierva a fuego lento.

4. Cubra parcialmente la sartén. Reduzca el fuego a bajo. Cocine, volteando la carne de vez en cuando, hasta que el cordero esté muy tierno al pincharlo con un tenedor, alrededor de 11/4 a 11/2 horas.

5. Mientras se cocina el cordero, en una cacerola mediana, combine los pimientos, la mantequilla y 2 cucharadas de agua a fuego medio. Tape y cocine por 10 minutos, o hasta que las verduras estén casi tiernas.

6. Agrega los pimientos ablandados y el jamón serrano al cordero junto con el perejil. Cocine sin tapar a fuego medio hasta que los pimientos estén tiernos, unos 5 minutos.

7. Con una espumadera, transfiera las piernas y los pimientos a la fuente calentada. Cubra y mantenga caliente. Si el líquido que queda en la sartén es demasiado delgado, suba el fuego a alto y hierva hasta que se reduzca y espese ligeramente. Prueba y ajusta el sazón. Vierta la salsa sobre el cordero y sirva inmediatamente.

Pierna de Cordero con Alcaparras y Aceitunas

Stinchi di Agnello con Capperi e Olive

Rinde 4 porciones

En Cerdeña, la carne de cabra se usa típicamente para este plato. Los sabores de cordero y cabra son muy similares, por lo que los muslos de cordero son un buen sustituto y son mucho más fáciles de encontrar.

2 cucharadas de aceite de oliva

4 patas de cordero pequeñas, bien recortadas

Sal y pimienta negra recién molida

1 cebolla mediana picada

3 1/4 taza de vino blanco seco

1 taza de tomates frescos o enlatados pelados, sin semillas y picados

1 1/2 taza de aceitunas negras picadas y sin hueso, como Gaeta

2 dientes de ajo finamente picados

2 cucharadas de alcaparras, enjuagadas y picadas

2 cucharadas de perejil fresco picado

1. En un horno holandés lo suficientemente grande como para mantener los vástagos en una sola capa, u otra olla profunda y pesada con una tapa hermética, caliente el aceite a fuego medio. Seque el cordero con palmaditas y se dore bien por todos lados. Quite el exceso de grasa con una cuchara. Espolvorear con sal y pimienta.

2. Esparcir la cebolla alrededor del cordero y cocinar hasta que la cebolla se ablande, unos 5 minutos. Agrega el vino y cocina 1 minuto. Agregue los tomates y cocine a fuego lento. Reduzca el fuego a bajo y cubra la sartén. Cocine de 1 a 1 1/2 horas, volteando las patas de vez en cuando, hasta que la carne esté muy tierna al pincharla con un cuchillo.

3. Agregue las aceitunas, el ajo, las alcaparras y el perejil y cocine 5 minutos más, volteando la carne para cubrir con la salsa. Servir caliente.

Pastelería de tarta salada

Pasta Frolla Salata

Hace una base para pastel de 9 a 10 pulgadas

Se puede hacer un pastel sabroso similar a un quiche con queso, huevos y verduras. Estos pasteles son buenos a temperatura ambiente o calientes, y se pueden servir como piatto único (comida de un solo plato) o como aperitivo. Esta masa es buena para todo tipo de tartas saladas.

Extiendo esta masa entre dos hojas de plástico. Evita que la masa se pegue a la tabla y al rodillo, por lo que no es necesario añadir más harina, que puede endurecer la masa. Para asegurarme de que la corteza esté crujiente en la parte inferior, horneo parcialmente la cáscara antes de agregar el relleno.

1 1/2 tazas de harina para todo uso

1 cucharadita de sal

1/2 taza (1 barra) de mantequilla sin sal, a temperatura ambiente

1 yema de huevo

3 a 4 cucharadas de agua helada

1. Prepara la masa: Combina la harina y la sal en un bol grande. Con una batidora de repostería o un tenedor, corta la mantequilla hasta que la mezcla se asemeje a migas gruesas.

2. Batir la yema de huevo junto con 2 cucharadas de agua. Espolvorea la mezcla sobre la harina. Mezcle ligeramente hasta que la masa esté uniformemente humedecida y se una sin quedar pegajosa. Agregue el agua restante si es necesario.

3. Forma un disco con la masa. Envuelva en plástico. Refrigere 30 minutos o toda la noche.

4. Si la masa se ha refrigerado durante la noche, déjela reposar a temperatura ambiente de 20 a 30 minutos antes de extenderla. Coloque la masa entre dos hojas de envoltura de plástico y extiéndala en un círculo de 12 pulgadas, girando la masa y reorganizando la envoltura de plástico con cada vuelta. Retire la hoja superior de envoltura de plástico. Usando la hoja restante para levantar la masa, centre la masa con el plástico hacia arriba en un molde para tartas de 9 a 10 pulgadas con una base removible. Quita la envoltura de plástico. Presione suavemente la masa en la base y a lo largo de los lados.

5. Enrolle el rodillo sobre la parte superior de la sartén y corte la masa que sobresale. Presione la masa contra el costado de la

sartén para crear un borde más alto que el borde de la sartén. Enfriar la cáscara de la masa en el frigorífico durante 30 minutos.

6. Coloque la rejilla del horno en el tercio inferior del horno. Precalienta el horno a 450 ° F. Con un tenedor, pinche la parte inferior de la cáscara de la tarta a intervalos de 1 pulgada. Hornee por 5 minutos, luego pinche la masa nuevamente. Hornee hasta que esté listo, 10 minutos más. Retire la cáscara del horno. Deje enfriar sobre una rejilla durante 10 minutos.

Tarta de espinacas y ricotta

Crostata di Spinaci

Rinde 8 porciones

Comí una tarta como esta en Ferrara, uno de los restaurantes favoritos de Roma. Algo parecido a un quiche, está hecho con ricotta para darle más cremosidad. Es ideal para un plato de almuerzo o brunch, servido con una ensalada y vino pinot grigio frío.

1 receta Pastelería de tarta salada

Relleno

1 libra de espinacas, cortadas y enjuagadas

1/4 taza de agua

1 1/2 tazas de ricotta entera o parcialmente descremada

1/2 taza de crema espesa

3/4 de taza de Parmigiano-Reggiano recién rallado

2 huevos grandes, batidos

1/4 de cucharadita de nuez moscada recién rallada

Sal y pimienta negra recién molida

1. Prepara y hornea parcialmente la corteza. Reduzca la temperatura del horno a 375 ° F.

2. Mientras tanto, prepara el relleno. Pon las espinacas en una olla grande a fuego medio con el agua. Tape y cocine de 2 a 3 minutos o hasta que se ablanden y estén tiernos. Escurrir y enfriar. Envuelva las espinacas en un paño sin pelusa y exprima la mayor cantidad de agua posible. Pica finamente las espinacas.

3. En un tazón grande, bata las espinacas, ricotta, crema, queso, huevos, nuez moscada y sal y pimienta al gusto. Raspe la mezcla en la cáscara de tarta preparada.

4. Hornee de 35 a 40 minutos o hasta que el relleno esté firme y ligeramente dorado.

5. Enfríe la tarta en la sartén durante 10 minutos. Retire el borde exterior y coloque la tarta en un plato para servir. Sirva tibio o a temperatura ambiente.

Tarta de puerro

Crostata di Porri

Rinde de 6 a 8 porciones

Comí esta tarta en una enoteca, o bar de vinos, en Bolonia. El sabor a nuez del parmigiano y la nata realzan el dulce sabor de los puerros. También se puede hacer con champiñones o pimientos salteados en lugar de puerros.

1 receta Pastelería de tarta salada

Relleno

4 puerros medianos, alrededor de 1 1/4 libras

3 cucharadas de mantequilla sin sal

Sal

2 huevos grandes

3/4 taza de crema espesa

1/3 taza de Parmigiano-Reggiano recién rallado

Nuez moscada recién rallada

Pimienta negra recién molida

1. Prepara y hornea parcialmente la corteza. Reduzca la temperatura del horno a 375 ° F.

2. Prepara el relleno: Corta las raíces y la mayor parte de las puntas verdes de los puerros. Córtelos por la mitad a lo largo y enjuáguelos muy bien entre cada capa con agua corriente fría. Cortar los puerros en finas rodajas transversales.

3. En una sartén grande, derrita la mantequilla a fuego medio. Agrega los puerros y una pizca de sal. Cocine, revolviendo con frecuencia, hasta que los puerros estén tiernos al pincharlos con un cuchillo, unos 20 minutos. Retirar la sartén del fuego y dejar enfriar.

4. En un tazón mediano, bata los huevos, la crema, el queso y una pizca de nuez moscada. Agregue los puerros y la pimienta al gusto.

5. Vierta la mezcla en la cáscara de la tarta parcialmente horneada. Hornee de 35 a 40 minutos o hasta que el relleno esté firme. Sirva tibio oa temperatura ambiente.

Sándwiches de mozzarella, albahaca y pimiento asado

Panini di Mozzarella

Rinde 2 porciones

A veces hago este sándwich sustituyendo rúcula por albahaca y prosciutto por pimientos rojos.

4 onzas de queso mozzarella fresco, cortado en 8 rebanadas

4 rebanadas de pan de campo

4 hojas frescas de albahaca

¼ de taza de pimientos morrones rojos o amarillos asados, cortados en tiras finas

1. Recorta las rodajas de mozzarella para que quepan en el pan. Si la mozzarella está jugosa, sécala. Coloque la mitad del queso en una sola capa sobre dos rebanadas de pan.

2. Coloque las hojas de albahaca y los pimientos sobre el queso y cubra con la mozzarella restante. Coloque el pan restante encima y presione firmemente con las manos.

3. Precaliente una prensa para sándwiches o una sartén para parrilla. Coloque los sándwiches en la prensa y cocine hasta que estén tostados, aproximadamente de 4 a 5 minutos. Si usa una sartén para asar, coloque un peso pesado como una sartén encima. Voltee los sándwiches cuando estén dorados por un lado, cubra con el peso y tueste por el otro lado. Servir caliente.

Sándwiches de espinaca y robiola

Panino di Spinaci e Robiola

Rinde 2 porciones

La focaccia agrega un agradable sabor y textura a los panini prensados. Otras verduras se pueden sustituir por las espinacas o usar las verduras sobrantes. Para el queso, me gusta usar robiola, un queso cremoso suave hecho con leche de vaca, cabra o oveja, o una combinación, de Piamonte y Lombardía. Otras posibilidades son el queso fresco de cabra o incluso el queso crema batido. Agregue una o dos gotas de aceite de trufa al relleno para darle un sabor terroso y un toque de lujo.

1 paquete (10 onzas) de espinacas frescas

4 onzas de robiola fresca o sustituto de queso de cabra

Aceite de trufa (opcional)

2 cuadrados o gajos de focaccia fresca

1. Pon las espinacas en una olla grande a fuego medio con 1/4 de taza de agua. Tape y cocine de 2 a 3 minutos o hasta que se ablanden y estén tiernos. Escurrir y enfriar. Envuelva las

espinacas en un paño sin pelusa y exprima la mayor cantidad de agua posible.

2. Pica finamente las espinacas y colócalas en un tazón mediano. Agrega el queso y tritura las espinacas con el queso. Agregue una o dos gotas de aceite de trufa, si lo desea.

3. Con un cuchillo dentado largo, corte con cuidado la focaccia por la mitad de forma horizontal. Extienda la mezcla en el interior de las mitades inferiores de la focaccia. Coloque la parte superior de los sándwiches y aplánelos suavemente.

4. Precaliente una prensa para sándwiches o una sartén para parrilla. Si usa una prensa, coloque los sándwiches en la prensa y cocine hasta que estén tostados, aproximadamente de 4 a 5 minutos. Si usa una sartén para asar, coloque los sándwiches en la sartén, luego un peso pesado, como una sartén, encima.

5. Cuando estén dorados por un lado, voltee los sándwiches, cubra con el peso y tueste por el otro lado. Servir caliente.

Sándwich Riviera

Panino della Riviera

Rinde 4 porciones

La frontera geográfica que divide Italia y Francia tampoco significa una distinción en los alimentos consumidos en ambos lados. Con su clima y geografía similares, las personas que viven a lo largo de las costas italiana y francesa comparten costumbres alimentarias muy similares. Un ejemplo es el pan bagnat francés y el pane bagnato italiano, que significa "pan bañado", que a veces se llama sándwich Riviera en Italia. Este suculento sándwich, bañado con un vivo aderezo de vinagreta, está relleno de atún y pimientos asados en Francia. En el lado italiano de la frontera, la mozzarella sustituye al atún y se agregan anchoas, pero el resto es prácticamente igual. Este es el sándwich perfecto para llevar de picnic, porque los sabores combinan bien y solo mejora tal como está.

1 barra de pan italiano, de aproximadamente 12 pulgadas de largo

Vendaje

1 diente de ajo, muy finamente picado

1/4 taza de aceite de oliva

2 cucharadas de vinagre

1/2 cucharadita de orégano seco, desmenuzado

Sal y pimienta negra recién molida

2 tomates maduros, en rodajas

1 lata (2 onzas) de anchoas

8 onzas de mozzarella en rodajas

2 pimientos asados pelados y sin semillas con su jugo

12 aceitunas curadas en aceite, sin hueso y picadas

1. Corta la barra de pan por la mitad a lo largo y retira el pan blando del interior.

2. En un tazón pequeño, mezcle los ingredientes del aderezo y vierta la mitad del aderezo sobre los lados cortados del pan. Cubra la mitad inferior del pan con los tomates, las anchoas, la mozzarella, los pimientos asados y las aceitunas, rociando cada capa con un poco del aderezo.

3. Coloque la parte superior del sándwich y presiónelo para juntarlo. Envuelva en papel de aluminio y cubra con una tabla o una sartén pesada. Deje reposar a temperatura ambiente hasta 2 horas o guárdelo en el refrigerador durante la noche.

4. Cortar en sándwiches de 3 pulgadas de ancho. Sirve a temperatura ambiente.

Sándwiches triangulares de atún y pimiento asado

Tramezzini al Tonno e Peperoni

Rinde 3 sándwiches

Algunos de los mismos sabores del abundante sándwich Riviera encuentran su camino en este delicado sándwich triangular que probé en un café romano favorito. El atún estaba sazonado con semillas de hinojo, pero a mí me gusta sustituirlo con polen de hinojo, que no es más que semillas de hinojo molidas, pero tiene más sabor. Muchos chefs lo utilizan en estos días y se puede encontrar en tiendas gourmet especializadas en hierbas secas, así como en sitios de Internet. Si no puede encontrar polen de hinojo, sustituya las semillas de hinojo, que puede moler usted mismo en un molinillo de especias o picar con un cuchillo.

1 pimiento rojo asado pequeño, escurrido y cortado en tiras finas

Aceite de oliva virgen extra

Sal

1 lata (3 1/2 onzas) de atún italiano envasado en aceite de oliva

2 cucharadas de mayonesa

1 a 2 cucharaditas de jugo de limón fresco

1 cucharada de cebolla verde picada

1 cucharadita de polen de hinojo

4 rebanadas de pan de molde blanco de buena calidad

1. Mezcle el pimiento asado con un poco de aceite y sal.

2. Escurre el atún y colócalo en un bol. Tritura bien el atún con un tenedor. Mezcle la mayonesa, el jugo de limón al gusto y la cebolla verde.

3. Unta el atún en dos de las rebanadas de pan. Cubra con las tiras de pimiento. Cubrir con el pan restante, presionando ligeramente.

4. Con un cuchillo de chef grande, corte la corteza del pan. Corta los sándwiches por la mitad en diagonal para formar dos triángulos. Sirva inmediatamente o cúbralo bien con una envoltura de plástico y refrigere hasta que esté listo para servir.

Sándwiches triangulares de jamón y higos

Tramezzini di Prosciutto e Fichi

Rinde 2 sándwiches

El sabor salado del prosciutto y el dulzor de la mermelada de higos ofrecen un agradable contraste en este bocadillo. Es muy bueno como aperitivo si lo cortas en cuartos. Sírvelo con Prosecco espumoso.

Mantequilla sin sal, a temperatura ambiente

4 rebanadas de pan de molde blanco de buena calidad

Aproximadamente 2 cucharadas de mermelada de higos

4 rebanadas finas de prosciutto italiano importado

1. Unte un poco de mantequilla en un lado de cada rebanada de pan. Unte alrededor de 2 cucharaditas de mermelada de higos sobre la mantequilla en cada rebanada.

2. Coloque dos rebanadas de jamón serrano en la mitad de las rebanadas. Coloque las rebanadas restantes de pan con la mermelada hacia abajo sobre el jamón serrano.

3. Con un cuchillo de chef grande, corte la corteza del pan. Corta los sándwiches por la mitad en diagonal para formar dos triángulos. Sirva inmediatamente o cubra con papel film y refrigere.

Manzanas Horneadas Amaretto

Mele al'Amaretto

Rinde 6 porciones

Amaretto es un licor dulce; amaretti son galletas crujientes. Ambos productos italianos están aromatizados con dos tipos de almendras: la variedad familiar, más una almendra ligeramente amarga que no se come sola, aunque se usa con frecuencia en Italia para dar sabor a los postres. Amaro significa "amargo" y tanto el licor como las galletas toman su nombre de estas almendras. Ambos están ampliamente disponibles: las galletas en tiendas especializadas y por correo y el licor en muchas licorerías.

La marca más conocida de galletas amaretti se empaqueta en latas o cajas rojas distintivas. Las galletas se envuelven en pares en papel de seda pastel. Hay otras marcas de amaretti que empaquetan las galletas sueltas en bolsas. Siempre tengo amaretti en casa. Se conservan durante mucho tiempo y son agradables con una taza de té o como ingrediente en varios platos dulces y salados.

Doradas son las manzanas que prefiero para hornear. Los cultivados localmente son dulces y crujientes, pero mantienen su forma muy bien cuando se hornean.

6 manzanas para hornear, como golden delicious

6 galletas amaretti

6 cucharadas de azúcar

2 cucharadas de mantequilla sin sal

6 cucharadas de amaretto o ron

1. Coloque una rejilla en el centro del horno. Precalienta el horno a 375 ° F. Unte con mantequilla una fuente para hornear lo suficientemente grande como para sostener las manzanas en posición vertical.

2. Retire los núcleos de manzana y pele las manzanas aproximadamente a dos tercios del camino hacia abajo desde el extremo del tallo.

3. Coloque las galletas amaretti en una bolsa de plástico y tritúrelas suavemente con un objeto pesado, como un rodillo. En un tazón mediano, licúa las migas con el azúcar y la mantequilla.

4. Rellene un poco de la mezcla en el centro de cada manzana. Vierta el amaretto sobre las manzanas. Vierta 1 taza de agua alrededor de las manzanas.

5. Hornea durante 45 minutos o hasta que las manzanas estén tiernas al pincharlas con un cuchillo. Sirva tibio oa temperatura ambiente.

Pastel de manzana de Livia

Torta di Mele alla Livia

Rinde 8 porciones

Mi amiga Livia Colantonio vive en Umbría en una granja llamada Podernovo. La granja cría ganado Chianina, cultiva una variedad de uvas de vinificación y embotella vino con la etiqueta Castello delle Regine.

Los huéspedes pueden alojarse en una de las casas de huéspedes bellamente restauradas de Podernovo, que está a solo 45 minutos de Roma, y disfrutar de unas vacaciones tranquilas. Livia hace este sencillo pero sensacional "pastel" que siempre es bueno después de una comida de otoño o invierno. No es un pastel en el sentido tradicional, porque está hecho casi en su totalidad de manzanas, con solo unas pocas migas de galleta entre las capas para contener algunos de los jugos de frutas. Sírvelo con una cucharada de crema batida o helado de ron y pasas.

Necesitará una sartén redonda o una fuente para hornear de 9 pulgadas de ancho por 3 pulgadas de profundidad. Use un molde para pasteles, una cazuela o un soufflé, pero no use un molde desmontable porque el jugo de manzana se derramará.

12 galletas amaretti

3 libras golden delicious, Granny Smith u otras manzanas firmes (aproximadamente 6 grandes)

1 1/2 taza de azúcar

1. Coloque las galletas amaretti en una bolsa de plástico y tritúrelas suavemente con un objeto pesado, como un rodillo. Debería tener aproximadamente 3/4 de taza de migas.

2. Pelar las manzanas y cortarlas en cuartos a lo largo. Corta los cuartos en rodajas de 1/8 de pulgada de grosor.

3. Coloque una rejilla en el centro del horno. Precalienta el horno a 350 ° F. Engrase generosamente un molde para hornear redondo de 9 × 3 pulgadas o un molde para tubos. Cubra el fondo de la sartén con un círculo de papel pergamino. Unte con mantequilla el papel.

4. Haga una capa de manzanas superpuestas ligeramente en el fondo de la sartén. Espolvorear con un poco de migas y azúcar. Alterne las capas de las rodajas de manzana restantes en la sartén con las migas restantes y el azúcar. Las rodajas de manzana no tienen que estar ordenadas. Coloque una hoja de

papel de aluminio sobre la parte superior, moldeándola sobre el borde de la sartén.

5. Hornea las manzanas 1 hora y media. Destapar y hornear 30 minutos más o hasta que las manzanas estén tiernas al pincharlas con un cuchillo y disminuyan de volumen. Transfiera la sartén a una rejilla de alambre. Deje enfriar por lo menos 15 minutos. Pasa un cuchillo por el borde de la sartén. Sosteniendo la sartén con un agarraderas en una mano, coloque un plato de servir plano sobre la parte superior de la sartén. Invierta ambos, de modo que las manzanas se transfieran al plato.

6. Sirve a temperatura ambiente, corta en gajos. Cubra con un recipiente invertido y guárdelo en el refrigerador hasta por 3 días.

Albaricoques en almíbar de limón

Albicocche al Limone

Rinde 6 porciones

Los albaricoques perfectamente maduros realmente no necesitan mejoramiento, pero si tiene algunos que no son perfectos, intente cocinarlos en un simple almíbar de limón. Sirva los albaricoques escalfados fríos, posiblemente con crema batida con sabor a amaretto.

1 taza de agua fría

1/4 taza de azúcar o al gusto

2 (2 pulgadas) tiras de ralladura de limón

2 cucharadas de jugo de limón fresco

1 libra de albaricoques (alrededor de 8)

1. En una cacerola o sartén lo suficientemente grande como para contener las mitades de albaricoque en una sola capa, combine el agua, el azúcar, la ralladura y el jugo. Deje hervir a fuego medio-bajo y cocine, haciendo girar la sartén una o dos veces, durante 10 minutos.

2. Siguiendo la línea de los albaricoques, córtelos por la mitad y retire los huesos. Coloque las mitades en el almíbar hirviendo. Cocine, dando vuelta una vez, hasta que la fruta esté tierna, unos 5 minutos.

3. Deje que los albaricoques se enfríen brevemente en el almíbar, luego tápelos y guárdelos en el refrigerador. Servir frío.

Bayas con Limón y Azúcar

Frutti di Bosco al Limone

Rinde 4 porciones

El jugo de limón fresco y el azúcar resaltan todo el sabor de las bayas. Pruebe esto con una sola variedad de bayas o una combinación. Cubra las bayas aderezadas con una cucharada de hielo de limón o sorbete si lo desea.

Una de mis bayas favoritas, la diminuta fresa silvestre (fragoline del bosco), es común en Italia, pero no está ampliamente disponible aquí. Las fresas silvestres tienen un delicioso aroma a fresa y son fáciles de cultivar en maceta. Las semillas están disponibles en muchas compañías de catálogo y puede comprar las plantas en muchos viveros aquí en los Estados Unidos.

1 taza de fresas en rodajas

1 taza de moras

1 taza de arándanos

1 taza de frambuesas

Jugo de limón recién exprimido (aproximadamente 2 cucharadas)

Azúcar (aproximadamente 1 cucharada)

1. En un tazón grande, mezcle suavemente las bayas. Rocíe con el jugo de limón y el azúcar al gusto. Pruebe y ajuste la sazón.

2. Coloque las bayas en platos para servir poco profundos. Servir inmediatamente.

Fresas con Vinagre Balsámico

Fragole al Balsamico

Rinde 2 porciones

Si puedes encontrar las pequeñas fresas silvestres conocidas en italiano como fragoline del bosco, úsalas en este postre. Pero las fresas frescas comunes también se beneficiarán de un marinado rápido en vinagre balsámico envejecido. Como una pizca de jugo de limón fresco en un trozo de pescado o sal en un bistec, el intenso sabor dulce y ácido del vinagre balsámico realza muchos alimentos. Piense en ello como un condimento más que como un vinagre.

Probablemente tendrá que comprar vinagre balsámico añejo en una tienda especializada. En el área de Nueva York, una de mis fuentes favoritas es Di Palo Fine Foods en Grand Street en Little Italy (verFuentes). Louis Di Palo es una enciclopedia ambulante sobre el vinagre balsámico, así como sobre cualquier otro producto alimenticio importado de Italia. La primera vez que pedí balsámico, sacó varias botellas y les ofreció a todos en la tienda muestras a medida que explicaba cada una.

El mejor balsámico se elabora en las provincias de Modena y Reggio en Emilia-Romagna. Suave, complejo y almibarado, sabe más a un *licor rico que a un vinagre fuerte, y a menudo se bebe como un cordial. Busque las palabras Aceto Balsamico Tradizionale en la etiqueta. Aunque es caro, un poco sirve para mucho.*

1 pinta de fresas silvestres o cultivadas, en rodajas si son grandes

2 cucharadas de vinagre balsámico añejo de la mejor calidad, o al gusto

2 cucharadas de azúcar

En un tazón mediano, mezcle las fresas con el vinagre y el azúcar. Deje reposar 15 minutos antes de servir.

Frambuesas con Mascarpone y Vinagre Balsámico

Lampone con Mascarpone e Balsamico

Rinde 4 porciones

Siempre enjuague las frambuesas delicadas justo antes de que esté listo para usarlas; si las enjuaga antes, la humedad podría hacer que se echen a perder más rápidamente. Antes de servirlos, revíselos y deseche los que presenten algún signo de moho. Guarde las bayas en un recipiente poco profundo sin tapar en el refrigerador, pero utilícelas lo antes posible después de comprarlas, ya que se deterioran rápidamente.

El mascarpone es una crema espesa y suave que se llama queso, aunque solo tiene un ligero sabor a queso. Tiene una textura similar a la crema agria, o un poco más espesa. Si lo prefiere, puede sustituirla por crème fraîche, ricotta o crema agria.

1 1/2 tazas de mascarpone

Aproximadamente 1/4 de taza de azúcar

1 a 2 cucharadas de vinagre balsámico añejo de la mejor calidad

2 tazas de frambuesas, ligeramente enjuagadas y secas

1. En un tazón pequeño, bata el mascarpone y el azúcar hasta que estén bien mezclados. Agrega el vinagre balsámico al gusto. Deje reposar 15 minutos y revuelva nuevamente.

2. Divida las frambuesas en 4 copas o tazones para servir. Cubra con el mascarpone y sirva inmediatamente.

Cerezas en Barolo

Ciliege al Barolo

Rinde 4 porciones

Aquí, las cerezas dulces y maduras se cuecen a fuego lento al estilo de Piamonte en Barolo u otro vino tinto con cuerpo.

3/4 taza de azúcar

1 taza de Barolo u otro vino tinto seco

1 libra de cerezas dulces maduras, sin hueso

1 taza de crema para batir o espesa, bien fría

1. Al menos 20 minutos antes de que esté listo para batir la crema, coloque un bol grande y las batidoras de una batidora eléctrica en el refrigerador.

2. En una cacerola grande, combine el azúcar y el vino. Deje hervir a fuego lento y cocine 5 minutos.

3. Agrega las cerezas. Después de que el líquido vuelva a hervir a fuego lento, cocine hasta que las cerezas estén tiernas al pincharlas con un cuchillo, unos 10 minutos más. Dejar enfriar.

4. Justo antes de servir, retire el bol y las batidoras del frigorífico. Verter la nata en el bol y batir la nata a alta velocidad hasta que mantenga su forma suavemente cuando se levantan los batidores, unos 4 minutos.

5. Vierta las cerezas en tazones para servir. Sirve a temperatura ambiente o ligeramente frío con crema batida.

Castañas asadas calientes

Caldarroste

Rinde 8 porciones

El día de San Martín, el 11 de noviembre, se celebra en toda Italia con castañas asadas calientes y vino tinto recién hecho. La celebración marca no solo la fiesta de un santo amado que era conocido por su bondad con los pobres, sino también el final de la temporada de crecimiento, el día en que la tierra entra en reposo para el invierno.

Las castañas asadas también son un toque final clásico para las comidas de vacaciones de invierno en toda Italia. Los meto en el horno a cocinar cuando nos sentamos a cenar, y cuando terminamos con nuestro plato principal, ya están listos para comer.

1 libra de castañas frescas

1. Coloque una rejilla en el centro del horno. Precalienta el horno a 425 ° F. Enjuaga las castañas y sécalas. Coloque las castañas con el lado plano hacia abajo sobre una tabla de cortar. Corta con cuidado una X en la parte superior de cada uno con la punta de un cuchillo pequeño y afilado.

2. Coloque las castañas en una hoja grande de papel de aluminio resistente. Dobla un extremo sobre el otro para encerrar las castañas. Dobla los extremos para sellar. Coloque el paquete en una bandeja para hornear. Ase las castañas hasta que estén tiernas cuando las pinche con un cuchillo pequeño, aproximadamente de 45 a 60 minutos.

3. Transfiera el paquete de papel de aluminio a una rejilla para enfriar. Deja las castañas envueltas en el papel de aluminio durante 10 minutos. Servir caliente.

Conservas de higos

Marmellata di Fichi

Rinde 1 1/2 pintas

Las higueras, tanto domesticadas como silvestres, crecen en toda Italia, excepto en las regiones más al norte, donde hace demasiado frío. Debido a que son tan dulces y están ampliamente disponibles, los higos se utilizan en muchos postres, especialmente en el sur de Italia. Los higos maduros no se conservan bien, por lo que cuando son abundantes a finales del verano se conservan de diferentes formas. En Puglia, los higos se cocinan con agua para hacer un almíbar espeso y dulce que se usa para postres. Los higos también se secan al sol o se convierten en conservas de higos.

Un pequeño lote de conservas de higos es fácil de hacer y se puede guardar durante un mes en el refrigerador. Para un almacenamiento más prolongado, la mermelada debe enlatarse (siguiendo métodos seguros de enlatado) o congelarse. Sírvelo como complemento de un curso de quesos o para desayunar sobre pan de nueces con mantequilla.

1 1/2 libras de higos maduros frescos, enjuagados y secos

2 tazas de azucar

2 tiras de ralladura de limón

1. Pelar los higos y cortarlos en cuartos. Colócalos en un bol mediano con azúcar y ralladura de limón. Revuelva bien. Cubra y refrigere durante la noche.

2. Al día siguiente, transfiera el contenido del tazón a una cacerola grande y pesada. Llevar a fuego lento a fuego medio. Cocine, revolviendo ocasionalmente, hasta que la mezcla espese un poco, aproximadamente 5 minutos. Para probar si la mezcla es lo suficientemente espesa, coloque una gota del líquido ligeramente enfriado entre el pulgar y el índice. Si la mezcla forma un hilo cuando el pulgar y el dedo están ligeramente separados, las conservas están listas.

3. Vierta en frascos esterilizados y guárdelos en el refrigerador hasta por 30 días.

Higos bañados en chocolate

Fichi al Cioccolato

Rinde de 8 a 10 porciones

Los higos secos húmedos rellenos de nueces y bañados en chocolate son agradables como un capricho después de la cena.

Me gusta comprar cáscara de naranja confitada en Kalustyan's, una tienda en la ciudad de Nueva York que se especializa en especias, frutas secas y nueces. Debido a que venden mucho, siempre es fresco y lleno de sabor. Muchas otras tiendas especializadas venden buena cáscara de naranja confitada. También puede solicitarlo por correo (verFuentes). La cáscara de naranja confitada de los supermercados y otras frutas se cortan en trozos pequeños y generalmente se secan y no tienen sabor.

18 higos secos húmedos (aproximadamente 1 libra)

18 almendras tostadas

1/2 taza de piel de naranja confitada

4 onzas de chocolate agridulce, picado o partido en trozos pequeños

2 cucharadas de mantequilla sin sal

1. Cubra una bandeja con papel encerado y coloque una rejilla para enfriar encima. Haga una pequeña hendidura en la base de cada higo. Introduzca una almendra y un trozo de piel de naranja en los higos. Apriete la hendidura para cerrarla.

2. En la mitad superior de una caldera doble colocada sobre agua hirviendo a fuego lento, derrita el chocolate y la mantequilla, aproximadamente 5 minutos. Retirar del fuego y revolver hasta que quede suave. Deje reposar 5 minutos.

3. Sumerja cada higo en el chocolate derretido y colóquelo en la rejilla. Cuando se hayan mojado todos los higos, coloque la bandeja en el refrigerador para reposar el chocolate, aproximadamente 1 hora.

4. Coloca los higos en un recipiente hermético, separando cada capa con papel encerado. Conservar en el frigorífico hasta 30 días.

Higos en almíbar de vino

Fichi alla Contadina

Rinde 8 porciones

El calimyrna seco y los higos de la misión de California son húmedos y regordetes. Cualquiera de las dos variedades se puede utilizar para esta receta. Después de la caza furtiva, quedan bien como están o se sirven con helado o crema batida. También van bien con queso gorgonzola.

1 taza de vin santo, Marsala o vino tinto seco

2 cucharadas de miel

2 (2 pulgadas) tiras de ralladura de limón

18 higos secos húmedos (aproximadamente 1 libra)

1. En una cacerola mediana, combine el vin santo, la miel y la ralladura de limón. Deje hervir a fuego lento y cocine 1 minuto.

2. Agrega los higos y el agua fría para cubrir. Lleve el líquido a fuego lento a fuego lento y tape la olla. Cocine hasta que los higos estén tiernos, unos 10 minutos.

3. Con una espumadera, transfiera los higos de la olla a un tazón. Cocine el líquido, sin tapar, hasta que se reduzca y espese un poco, aproximadamente 5 minutos. Verter el almíbar sobre los higos y dejar enfriar. Refrigere por lo menos 1 hora y hasta 3 días. Sirva ligeramente frío.

Higos horneados de Dora

Fichi al Forno

Hace 2 docenas

Los higos secos rellenos de nueces son una especialidad de Pugliese. Esta receta es de mi amiga Dora Marzovilla, quien los sirve como un bocadillo después de la cena en el restaurante neoyorquino de su familia, I Trulli. Sirva los higos con una copa de vino de postre, como Moscato di Pantelleria.

24 higos secos húmedos (alrededor de 1 1/2 libras), sin los extremos del tallo

24 almendras tostadas

1 cucharada de semillas de hinojo

1/4 taza de hojas de laurel

1. Coloque una rejilla en el centro del horno. Precalienta el horno a 350 ° F. Retire los extremos duros del tallo de cada fig. Con un cuchillo pequeño, haga un corte en la base de los higos. Inserte una almendra en los higos y pellizque la ranura para cerrarla.

2. Coloque los higos en una bandeja para hornear y hornee de 15 a 20 minutos o hasta que estén ligeramente dorados. Deje enfriar sobre una rejilla.

3. Haga una capa de los higos en un recipiente de vidrio o plástico hermético de 1 cuarto de galón. Espolvorea con algunas de las semillas de hinojo. Cubra con una capa de hojas de laurel. Repita las capas hasta que se utilicen todos los ingredientes. Cubra y almacene en un lugar fresco (pero no en el refrigerador) al menos 1 semana antes de servir.

Honeydew en almíbar de menta

Melone alla Menta

Rinde 4 porciones

Después de una gran cena de pescado en un restaurante junto al mar en Sicilia, nos sirvieron esta combinación fresca de melón dulce bañado en un jarabe de menta fresca.

1 taza de agua fría

1/2 taza de azúcar

1/2 taza de hojas frescas de menta verde empaquetadas, y más para decorar

8 a 12 rodajas de melón dulce maduro pelado

1. En una cacerola, combine el agua, el azúcar y las hojas de menta. Deje hervir a fuego lento y cocine 1 minuto o hasta que las hojas se ablanden. Retirar del fuego. Deje enfriar, luego pase el almíbar a través de un colador de malla fina a un tazón para colar las hojas de menta.

2. Coloque el melón en una fuente y vierta el almíbar sobre el melón. Enfríe en el refrigerador brevemente. Sirve adornado con hojas de menta.

Naranjas en Almíbar de Naranja

Arancia Marinate

Rinde 8 porciones

Las jugosas naranjas en almíbar dulce son un postre perfecto después de una rica comida. Me gusta especialmente servirlos en invierno cuando las naranjas frescas están en su mejor momento. Dispuestas en una fuente, las naranjas se ven muy bonitas con su cobertura de tiras de ralladura de naranja y almíbar reluciente. Como variación, corte las naranjas en gajos y combínelas con piña madura en rodajas. Sirve la salsa de naranja sobre todo.

8 naranjas grandes de ombligo

1 1/4 tazas de azúcar

2 cucharadas de brandy o licor de naranja

1. Frota las naranjas con un cepillo. Recorta los extremos. Con un pelador de verduras, retire la parte coloreada de la piel de naranja (la cáscara) en tiras anchas. Evite escarbar en la médula blanca amarga. Apile las tiras de ralladura y córtelas en trozos estrechos de fósforos.

2. Retire la médula blanca de las naranjas. Coloque las naranjas en una fuente para servir.

3. Ponga a hervir una cacerola pequeña con agua. Agregue la ralladura de naranja y cocine a fuego lento. Cocine 1 minuto. Escurre la ralladura y enjuaga con agua fría. Repetir. (Esto ayudará a eliminar parte del amargor de la ralladura).

4. Coloque el azúcar y 1/4 de taza de agua en otra cacerola pequeña a fuego medio. Lleva la mezcla a ebullición. Cocine hasta que el azúcar se derrita y el almíbar espese, aproximadamente 3 minutos. Agregue la ralladura de naranja y cocine 3 minutos más. Dejar enfriar.

5. Agrega el brandy de naranja al contenido de la olla. Con un tenedor, retire la ralladura de naranja del almíbar y colóquela encima de las naranjas. Vierta el almíbar con una cuchara. Cubra y enfríe hasta 3 horas hasta que esté listo para servir.

Naranjas Gratinadas con Zabaglione

Arancia allo Zabaglione

Rinde 4 porciones

Gratiné es una palabra francesa que significa dorar la superficie de un plato. Por lo general, se aplica a los alimentos salados que se espolvorean con pan rallado o queso para ayudarlos a dorar.

El zabaglione generalmente se sirve solo o como salsa para frutas o pasteles. Aquí se vierte sobre las naranjas y se asa brevemente hasta que se dore un poco y forme una cubierta cremosa. Los plátanos, kiwis, bayas u otras frutas blandas también se pueden preparar de esta manera.

6 naranjas navel, peladas y en rodajas finas

Sabayón

1 huevo grande

2 yemas de huevo grandes

⅓ taza de azúcar

⅓ taza de Marsala seco o dulce

1. Precalienta el asador. Coloque las rodajas de naranja en una fuente para hornear ignífuga, superponiendo ligeramente.

2. Prepare el zabaglione: Llene una cacerola pequeña o el fondo de una caldera doble con 2 pulgadas de agua. Llevar a fuego lento a fuego lento. En un tazón más grande que el borde de la sartén o la parte superior del baño maría, combine el huevo, las yemas, el azúcar y Marsala. Batir con una batidora eléctrica de mano hasta que esté espumoso. Coloque sobre la olla con agua hirviendo. Batir hasta que la mezcla tenga un color pálido y mantenga una forma suave cuando se levantan los batidores, aproximadamente 5 minutos.

3. Extienda el zabaglione sobre las naranjas. Coloque el plato debajo del asador de 1 a 2 minutos o hasta que el zabaglione se dore en algunas partes. Servir inmediatamente.

Melocotones Blancos en Asti Spumante

Pesche Bianche en Asti Spumante

Rinde 4 porciones

Asti Spumante es un vino de postre dulce y espumoso de Piamonte, en el noroeste de Italia. Tiene un delicado sabor y aroma a flor de naranjo que proviene de las uvas moscatel. Si no puede encontrar melocotones blancos, los melocotones amarillos funcionarán bien o sustituirán a otra fruta de verano, como nectarinas, ciruelas o albaricoques.

4 duraznos blancos maduros grandes

1 cucharada de azucar

8 onzas de Asti Spumante frío

1. Pelar y deshuesar los melocotones. Córtelos en rodajas finas.

2. Mezclar los duraznos con el azúcar y dejar reposar 10 minutos.

3. Con una cuchara, coloque los duraznos en copas o vasos parfait. Vierta el Asti Spumante y sirva inmediatamente.

Duraznos al vino tinto

Pesche al Vino Rosso

Rinde 4 porciones

Recuerdo haber visto a mi abuelo cortar sus melocotones blancos de cosecha propia para remojarlos en una jarra de vino tinto. Los jugos de melocotón dulce domesticaron cualquier aspereza en el vino. Los melocotones blancos son mis favoritos, pero los melocotones amarillos o las nectarinas también son buenos.

1/3 taza de azúcar, o al gusto

2 tazas de vino tinto afrutado

4 duraznos maduros

1. En un tazón mediano, combine el azúcar y el vino.

2. Corta los melocotones por la mitad y quita los huesos. Corta los duraznos en trozos pequeños. Revuélvelas con el vino. Cubra y refrigere de 2 a 3 horas.

3. Vierta los duraznos y el vino en copas y sirva.

Melocotones Rellenos De Amaretti

Pesche al Forno

Rinde 4 porciones

Este es un postre favorito de Piamonte. Sírvelo rociado con crema espesa o cubierto con una bola de helado.

8 duraznos medianos, no demasiado maduros

8 galletas amaretti

2 cucharadas de mantequilla ablandada sin sal

2 cucharadas de azúcar

1 huevo grande

1. Coloque una rejilla en el centro del horno. Precalienta el horno a 375 ° F. Unte con mantequilla una fuente para hornear lo suficientemente grande como para contener las mitades de melocotón en una sola capa.

2. Coloque las galletas amaretti en una bolsa de plástico y tritúrelas suavemente con un objeto pesado, como un rodillo.

Debería tener alrededor de 1/2 taza. En un tazón mediano, mezcle la mantequilla y el azúcar y agregue las migas.

3. Siguiendo la línea alrededor de los melocotones, córtelos por la mitad y quíteles el hueso. Con una cuchara de pomelo o una bola de melón, saque un poco de la pulpa del melocotón del centro para ensanchar la abertura y agréguelo a la mezcla de migajas. Agrega el huevo a la mezcla.

4. Coloca las mitades de melocotón con los lados cortados hacia arriba en el plato. Vierta un poco de la mezcla de migas en cada mitad de durazno.

5. Hornea 1 hora o hasta que los duraznos estén tiernos. Servir caliente oa temperatura ambiente.

Peras en Salsa de Naranja

Pere all'Arancia

Rinde 4 porciones

Cuando visité a Anna Tasca Lanza en Regaleali, la finca vinícola de su familia en Sicilia, me dio un poco de su excelente mermelada de mandarina para llevar a casa. Anna usa la mermelada tanto para untar como para salsa de postre, y me inspiró a mezclar un poco en el líquido de escalfar de algunas peras que estaba cocinando. Las peras tenían un hermoso esmalte dorado y a todos les encantó el resultado. Ahora hago este postre a menudo. Debido a que agoté rápidamente el suministro de mermelada que Anna me dio, utilizo mermelada de naranja de calidad comprada en la tienda.

1/2 taza de azúcar

1 taza de vino blanco seco

4 peras maduras firmes, como Anjou, Bartlett o Bosc

1/3 taza de mermelada de naranja

2 cucharadas de licor de naranja o ron

1. En una cacerola lo suficientemente grande para mantener las peras en posición vertical, combine el azúcar y el vino. A fuego medio, cocine a fuego lento y cocine hasta que el azúcar se disuelva.

2. Agrega las peras. Tape la sartén y cocine unos 30 minutos o hasta que las peras estén tiernas al pincharlas con un cuchillo.

3. Con una espumadera, transfiera las peras a una fuente para servir. Agrega la mermelada al líquido de la cacerola. Deje hervir a fuego lento y cocine 1 minuto. Retirar del fuego y agregar el licor. Vierta la salsa sobre y alrededor de las peras. Cubra y enfríe en el refrigerador al menos 1 hora antes de servir.

Peras con Marsala y Crema

Pere al Marsala

Rinde 4 porciones

Tenía peras preparadas de esta manera en una trattoria en Bolonia. Si los prepara justo antes de cenar, estarán a la temperatura adecuada para servirlos cuando esté listo para el postre.

Puede encontrar Marsala seco y dulce importado de Sicilia, aunque el seco es de mejor calidad. Cualquiera de los dos se puede utilizar para hacer postres.

4 peras grandes Anjou, Bartlett o Bosc, no demasiado maduras

1/4 taza de azúcar

1/2 taza de agua

1/2 taza de Marsala seco o dulce

1/4 taza de crema espesa

1. Pelar las peras y cortarlas por la mitad a lo largo.

2. En una sartén lo suficientemente grande para contener las mitades de pera en una sola capa, hierva el azúcar y el agua a

fuego medio. Revuelva para disolver el azúcar. Agrega las peras y tapa la sartén. Cocine de 5 a 10 minutos o hasta que las peras estén casi tiernas al pincharlas con un tenedor.

3. Con una espumadera, transfiera las peras a un plato. Agregue el Marsala a la sartén y cocine a fuego lento. Cocine hasta que el almíbar esté ligeramente espeso, unos 5 minutos. Agregue la crema y cocine a fuego lento 2 minutos más.

4. Regrese las peras a la sartén y rocíelas con la salsa. Transfiera las peras a platos para servir y vierta la salsa por encima. Deje enfriar a temperatura ambiente antes de servir.

Peras con salsa tibia de chocolate

Pere Affogato al Cioccolato

Rinde 6 porciones

Las peras frescas bañadas en una salsa de chocolate agridulce son un postre clásico europeo. Lo comí en Bolonia, donde la salsa de chocolate se hizo con chocolate Majani, una marca de fabricación local que, lamentablemente, no viaja lejos de su ciudad natal. Utilice un chocolate agridulce de buena calidad. Una marca que me gusta, Scharffen Berger, está hecha en California.

6 peras Anjou, Bartlett o Bosc, no demasiado maduras

2 tazas de agua

3 1/4 taza de azúcar

4 (2 × 1/2 pulgada) tiras de ralladura de naranja, cortadas en palitos

1 1/2 tazas Salsa de chocolate caliente

1. Pelar las peras, dejando intactos los tallos. Con una cuchara para melones o una cuchara pequeña, saque el corazón y las semillas, trabajando desde el fondo de las peras.

2. En una cacerola lo suficientemente grande para mantener todas las peras en posición vertical, lleve el agua, el azúcar y la ralladura de naranja a fuego lento a fuego medio. Revuelva hasta que el azúcar se disuelva.

3. Agrega las peras y reduce el fuego a bajo. Tape la sartén y cocine, volteando las peras una vez, durante 20 minutos o hasta que estén tiernas al pincharlas con un cuchillo pequeño. Deje enfriar las peras en el almíbar.

4. Cuando esté listo para servir, prepare la salsa de chocolate.

5. Con una espumadera, transfiera las peras a platos para servir. (Cubra y refrigere el almíbar para otro uso, como mezclar con frutas cortadas para una ensalada). Rocíe con salsa de chocolate tibia. Servir inmediatamente.

Peras especiadas con ron

Pere al Rhum

Rinde 6 porciones

El sabor dulce, suave, casi floral de las peras maduras se presta a muchos otros sabores complementarios. Las frutas como las naranjas, los limones y las bayas y muchos quesos van bien con ellas, y el Marsala y los vinos secos se utilizan a menudo para escalfar las peras. En Piamonte, me sorprendió gratamente que me sirvieran estas peras cocidas a fuego lento en un jarabe de ron especiado que acompañaba a un simple pastel de avellanas.

6 peras Anjou, Bartlett o Bosc, no demasiado maduras

1 1/4 taza de azúcar morena

1/4 taza de ron oscuro

1 1/4 taza de agua

4 dientes enteros

1. Pelar las peras, dejando intactos los tallos. Con una cuchara para melones o una cuchara pequeña, saque el corazón y las semillas, trabajando desde el fondo de las peras.

2. En una cacerola lo suficientemente grande para contener las peras, mezcle el azúcar, el ron y el agua a fuego medio hasta que el azúcar se derrita, aproximadamente 5 minutos. Agrega las peras. Esparce los clavos alrededor de la fruta.

3. Cubre la sartén y deja que el líquido hierva a fuego lento. Cocine a fuego medio-bajo de 15 a 20 minutos o hasta que las peras estén tiernas al pincharlas con un cuchillo. Con una espumadera, transfiera las peras a un plato para servir.

4. Cocine a fuego lento el líquido sin tapar hasta que esté reducido y espeso. Cuele el líquido sobre las peras. Dejar enfriar.

5. Sirva a temperatura ambiente o tape y enfríe en el refrigerador.

Peras Especiadas con Pecorino

Pere allo Spezie e Pecorino

Rinde 6 porciones

Los toscanos están orgullosos de su excelente queso de oveja. Cada pueblo tiene su propia versión, y cada uno tiene un sabor ligeramente diferente al de los demás, dependiendo de cómo se envejezca y de dónde provenga la leche. Por lo general, los quesos se comen cuando son bastante jóvenes y aún semifirmes. Cuando se come como postre, el queso a veces se rocía con un poco de miel o se sirve con peras. Me gusta esta presentación sofisticada que tuve en Montalcino: pecorino servido con peras cocidas en vino tinto local y especias, acompañado de nueces frescas.

Por supuesto, las peras también se sirven solas o con una cucharada grande de nata montada.

6 peras anjou, bartlett o bosc medianas, no demasiado maduras

1 taza de vino tinto seco

1/2 taza de azúcar

1 pedazo de canela (3 pulgadas)

4 dientes enteros

8 onzas de queso Pecorino Toscano, Asiago o Parmigiano-Reggiano, cortado en 6 piezas

12 mitades de nueces, tostadas

1. Coloque una rejilla en el centro del horno. Precalienta el horno a 450 ° F. Coloca las peras en una fuente para hornear lo suficientemente grande como para mantenerlas en posición vertical.

2. Mezcle el vino y el azúcar hasta que el azúcar se ablande. Vierta la mezcla sobre las peras. Esparce la canela y el clavo alrededor de las peras.

3. Hornea las peras, rociándolas de vez en cuando con el vino, de 45 a 60 minutos o hasta que estén tiernas al pincharlas con un cuchillo. Si el líquido comienza a secarse antes de que las peras estén listas, agregue un poco de agua tibia a la sartén.

4. Deje enfriar las peras en el plato, rociándolas de vez en cuando con el jugo de la sartén. (A medida que los jugos se enfrían, espesan y cubren las peras con un rico glaseado rojo). Retire las especias.

5. Sirve las peras con el almíbar a temperatura ambiente o ligeramente frías. Colóquelos en platos para servir con dos mitades de nuez y un trozo de queso.

Peras Escalfadas con Gorgonzola

Pere al Gorgonzola

Rinde 4 porciones

El sabor picante del queso gorgonzola mezclado con una crema suave es un complemento sabroso para estas peras escalfadas en un almíbar de vino blanco con limón. Una pizca de pistachos añade un toque de color brillante. Las peras Anjou, Bartlett y Bosc son mis variedades favoritas para la caza furtiva, porque su forma delgada les permite cocinarse uniformemente. Las peras escalfadas mantienen mejor su forma cuando la fruta no está demasiado madura.

2 tazas de vino blanco seco

2 cucharadas de jugo de limón fresco

[3] 1/4 taza de azúcar

2 (2 pulgadas) tiras de ralladura de limón

4 peras, como Anjou, Bartlett o Bosc

4 onzas de gorgonzola

2 cucharadas de ricotta, mascarpone o crema espesa

2 cucharadas de pistachos picados

1. En una cacerola mediana, combine el vino, el jugo de limón, el azúcar y la ralladura de limón. Deje hervir a fuego lento y cocine por 10 minutos.

2. Mientras tanto, pela las peras y córtalas por la mitad a lo largo. Retire los núcleos.

3. Deslice las peras en el almíbar de vino y cocine hasta que estén tiernas cuando las pinche con un cuchillo, aproximadamente 10 minutos. Dejar enfriar.

4. Con una espumadera, transfiera dos mitades de pera a cada plato para servir, con el corazón hacia arriba. Rocíe el almíbar alrededor de las peras.

5. En un tazón pequeño, machaca el gorgonzola con el ricotta para hacer una pasta suave. Coloque un poco de la mezcla de queso en el espacio sin corazón de cada mitad de pera. Espolvorea con los pistachos. Servir inmediatamente.

Pastel de pudín de pera o manzana

Budino di Pere o Mele

Rinde 6 porciones

No es un pastel o un pudín, este postre consiste en frutas cocidas hasta que estén tiernas y luego horneadas con una cobertura ligeramente similar a una torta. Es bueno con manzanas o peras o incluso con melocotones o ciruelas.

Me gusta usar ron oscuro para condimentar este postre, pero se puede sustituir por ron ligero, coñac o incluso grappa.

3/4 taza de pasas

1/2 taza de ron oscuro, coñac o grappa

2 cucharadas de mantequilla sin sal

8 peras o manzanas maduras firmes, peladas y cortadas en rodajas de 1/2 pulgada

1/3 taza de azúcar

Adición

6 cucharadas de mantequilla sin sal, derretida y enfriada

1/3 taza de azúcar

11/2 taza de harina para todo uso

3 huevos grandes, separados

21/3 taza de leche entera

2 cucharadas de ron oscuro, coñac o grappa

1 cucharadita de extracto puro de vainilla

Pizca de sal

Azúcar de repostería

1. En un tazón pequeño, mezcle las pasas y el ron. Deje reposar durante 30 minutos.

2. Derrita la mantequilla en una sartén grande a fuego medio. Agrega la fruta y el azúcar. Cocine, revolviendo ocasionalmente, hasta que la fruta esté casi tierna, aproximadamente 7 minutos. Agrega las pasas y el ron. Cocine 2 minutos más. Retirar del fuego.

3. Coloque una rejilla en el centro del horno. Precalienta el horno a 350 ° F. Engrase una fuente para hornear de 13 × 9 × 2 pulgadas. Vierta la mezcla de frutas en la fuente para hornear.

4. Prepara la cobertura: En un tazón grande, con una batidora eléctrica, bate la mantequilla y el azúcar hasta que se mezclen, aproximadamente 3 minutos. Agregue la harina, solo para combinar.

5. En un tazón mediano, mezcle las yemas de huevo, la leche, el ron y la vainilla. Revuelva la mezcla de huevo en la mezcla de harina hasta que se mezcle.

6. En otro bol grande, con batidores limpios batir las claras con la sal a velocidad baja hasta que estén espumosas. Aumente la velocidad y bata hasta que se formen picos suaves, aproximadamente 4 minutos. Doble suavemente las claras con el resto de la masa. Vierta la masa sobre la fruta en la fuente para hornear y hornee por 25 minutos o hasta que la parte superior esté dorada y firme al tacto.

7. Sirva tibio oa temperatura ambiente, espolvoreado con azúcar glass.

Compota de frutas tibia

Composta di Frutta Calda

Rinde de 6 a 8 porciones

El ron se utiliza a menudo para dar sabor a los postres en Italia. El ron oscuro tiene un sabor más profundo que el ron ligero. Sustituya el ron por otro licor o un vino dulce como Marsala en esta receta si lo desea. O haga una versión sin alcohol con jugo de naranja o manzana.

2 peras maduras firmes, peladas y sin corazón

1 manzana golden delicious o Granny Smith, pelada y sin corazón

1 taza de ciruelas pasas sin hueso

1 taza de higos secos, sin las puntas del tallo

1/2 taza de albaricoques secos sin hueso

1/2 taza de pasas negras

1/4 taza de azúcar

2 (2 pulgadas) tiras de ralladura de limón

1 taza de agua

1/2 taza de ron oscuro

1. Corta las peras y la manzana en 8 gajos. Corta las rodajas en trozos pequeños.

2. Combine todos los ingredientes en una cacerola grande. Tape y deje hervir a fuego medio-bajo. Cocine hasta que las frutas frescas estén tiernas y las frutas secas estén gruesas, aproximadamente 20 minutos. Agrega un poco más de agua si parecen secos.

3. Deje enfriar un poco antes de servir o cubra y refrigere hasta por 3 días.

Fruta Caramelizada Veneciana

Golosezzi Veneziani

Rinde 8 porciones

La capa de caramelo de estas brochetas de frutas venecianas se endurece, con un resultado parecido a una manzana de caramelo. Seque las frutas con palmaditas y haga estas brochetas de frutas en un día seco. Si el clima es húmedo, el caramelo no se endurecerá adecuadamente.

1 mandarina o clementina, pelada, dividida en secciones

8 fresas pequeñas, peladas

8 uvas sin semillas

8 dátiles deshuesados

1 taza de azucar

1/2 taza de jarabe de maíz ligero

1/4 taza de agua

1. Enhebre los trozos de fruta alternativamente en cada una de las ocho brochetas de madera de 6 pulgadas. Coloca una rejilla para enfriar encima de una bandeja.

2. En una sartén lo suficientemente grande como para que quepan las brochetas a lo largo, combine el azúcar, el jarabe de maíz y el agua. Cocine a fuego medio, revolviendo ocasionalmente hasta que el azúcar se disuelva por completo, aproximadamente 3 minutos. Cuando la mezcla comience a hervir, deje de revolver y cocine hasta que el almíbar comience a dorarse por los bordes. Luego, agite suavemente la sartén sobre el fuego hasta que el almíbar tenga un color marrón dorado uniforme, aproximadamente 2 minutos más.

3. Retire la sartén del fuego. Con unas pinzas, sumerja rápidamente cada brocheta en el almíbar, dándoles la vuelta para cubrir la fruta de forma ligera pero completa. Deje que el exceso de almíbar se drene nuevamente en la sartén. Coloque las brochetas en la rejilla para que se enfríen. (Si el almíbar en la sartén se endurece antes de sumergir todas las brochetas, vuelva a calentarlo suavemente). Sirva a temperatura ambiente dentro de 2 horas.

Fruta con Miel y Grappa

Composta di Frutta alla Grappa

Rinde 6 porciones

La grappa es una especie de brandy elaborado con vinaccia, las pieles y semillas que quedan después de prensar las uvas para hacer vino. Hubo un tiempo en que la grappa era una bebida tosca que los peones y obreros bebían principalmente en el norte de Italia para calentarse en los fríos días de invierno. Hoy en día, la grappa es una bebida muy refinada que se vende en botellas de diseño con tapones ornamentados. Algunas grappas se aromatizan con frutas o hierbas, mientras que otras se añejan en barricas de madera. Use una grappa simple y sin sabor para esta ensalada de frutas y para otros fines de cocina.

⅓ taza de miel

⅓ taza de grappa, brandy o licor de frutas

1 cucharada de jugo de limón fresco

2 kiwis, pelados y en rodajas

2 naranjas navel, peladas y cortadas en gajos

1 pinta de fresas, en rodajas

1 taza de uvas verdes sin semillas cortadas a la mitad

2 plátanos medianos, en rodajas

1. En un tazón grande para servir, mezcle la miel, la grappa y el jugo de limón.

2. Agregue los kiwis, las naranjas, las fresas y las uvas. Enfríe durante al menos 1 hora o hasta 4 horas. Agrega los plátanos justo antes de servir.

Ensalada de fruta de invierno

Macedonia del 'Inverno

Rinde 6 porciones

En Italia, una ensalada de frutas se llama Macedonia, porque ese país una vez se dividió en muchas secciones pequeñas que se juntaron para formar un todo, al igual que la ensalada se compone de trozos del tamaño de un bocado de diferentes frutas. En el invierno, cuando las opciones de frutas son limitadas, los italianos preparan ensaladas como esta aderezadas con miel y jugo de limón. Como variación, sustituya la miel por mermelada de albaricoque o mermelada de naranja.

3 cucharadas de miel

3 cucharadas de jugo de naranja

1 cucharada de jugo de limón fresco

2 toronjas, peladas y separadas en gajos

2 kiwis, pelados y en rodajas

2 peras maduras

2 tazas de uvas verdes sin semillas, cortadas a la mitad a lo largo

1. En un tazón grande, mezcle la miel, el jugo de naranja y el jugo de limón.

2. Agregue las frutas al tazón y mezcle bien. Enfríe durante al menos 1 hora o hasta 4 horas antes de servir.

Fruta de verano a la parrilla

Spiedini alla Frutta

Rinde 6 porciones

Las frutas de verano a la parrilla son ideales para una barbacoa. Sírvelas solas o con rebanadas de bizcocho y helado.

Si usa brochetas de madera, remójelas en agua fría al menos 30 minutos para evitar que se quemen.

2 nectarinas, cortadas en trozos de 1 pulgada

2 ciruelas, cortadas en trozos de 1 pulgada

2 peras, cortadas en trozos de 1 pulgada

2 albaricoques, cortados en cuartos

2 plátanos, cortados en trozos de 1 pulgada

Hojas de menta fresca

Aproximadamente 2 cucharadas de azúcar

1. Coloque una parrilla para barbacoa o parrilla a unas 5 pulgadas de la fuente de calor. Precaliente la parrilla o el asador.

2. Alterne trozos de frutas con las hojas de menta en 6 brochetas. Espolvorea con el azúcar.

3. Asa o asa la fruta 3 minutos por un lado. Voltee las brochetas y cocine a la parrilla o ase hasta que estén ligeramente doradas, aproximadamente 2 minutos más. Servir caliente.

Ricotta tibia con miel

Ricotta al Miele

Rinde de 2 a 3 porciones

El éxito de este postre depende de la calidad de la ricota, así que compre la más fresca disponible. Si bien la ricota de leche parcialmente desnatada está bien, la sin grasa es muy granulada e insípida, así que no la use. Si lo desea, agregue un poco de fruta fresca o pruebe con pasas y una pizca de canela.

1 taza de ricotta de leche entera

2 cucharadas de miel

1. Coloque la ricota en un tazón pequeño sobre una olla más pequeña con agua hirviendo. Caliente hasta que esté tibio, unos 10 minutos. Revuelva bien.

2. Coloca la ricota en platos para servir. Rocíe con la miel. Servir inmediatamente.

Café ricotta

Ricotta todo 'Caffè

Rinde de 2 a 3 porciones

Aquí hay un postre rápido que se presta a una multitud de variaciones. Sírvelo con unas galletas de mantequilla simples.

Si no puede comprar espresso finamente molido, asegúrese de pasar el café molido por su molinillo de café o procesador de alimentos. Si los granos son demasiado grandes, el postre no se mezclará bien, dejándolo con una textura arenosa.

1 taza (8 onzas) de ricotta entera o parcialmente descremada

1 cucharada de café (expreso) finamente molido

1 cucharada de azucar

Virutas de chocolate

En un tazón mediano, mezcle la ricota, el espresso y el azúcar hasta que la mezcla esté suave y el azúcar se disuelva. (Para una textura más cremosa, mezcle los ingredientes en un procesador de alimentos). Vierta en vasos parfait o copas y cubra con virutas de chocolate. Servir inmediatamente.

Variación: Para el ricotta de chocolate, sustituya el café por 1 cucharada de cacao sin azúcar.

Mascarpone y melocotones

Mascarpone al Pesche

Rinde 6 porciones

Mascarpone suave y cremoso y melocotones con amaretti crujiente se ven hermosos en parfait o copas de vino. Sirve este postre en una cena. Nadie adivinará lo fácil que es hacerlo.

1 taza (8 onzas) de mascarpone

1/4 taza de azúcar

1 cucharada de jugo de limón fresco

1 taza de nata para montar muy fría

3 melocotones o nectarinas, pelados y cortados en trozos pequeños

1/3 taza de licor de naranja, amaretto o ron

8 galletas amaretti, trituradas en migajas (aproximadamente 1/2 taza)

2 cucharadas de almendras en rodajas tostadas

1. Al menos 20 minutos antes de que esté listo para hacer el postre, coloque un bol grande y las batidoras de una batidora eléctrica en el refrigerador.

2. Cuando esté listo, en un tazón mediano, mezcle el mascarpone, el azúcar y el jugo de limón. Saca el bol y los batidores del frigorífico. Verter la nata en el bol frío y batir la nata a alta velocidad hasta que mantenga su forma suavemente cuando se levantan los batidores, unos 4 minutos. Con una espátula, doble suavemente la crema batida en la mezcla de mascarpone.

3. En un tazón mediano, mezcle los duraznos y el licor.

4. Vierta la mitad de la crema de mascarpone en seis copas de parfait o copas de vino. Haga una capa de melocotones, luego espolvoree con las migas de amaretti. Cubra con la crema restante. Cubra y enfríe en el refrigerador hasta 2 horas.

5. Espolvorea con las almendras antes de servir.

Espuma de Chocolate con Frambuesas

Spuma di Cioccolato al Lampone

Rinde 8 porciones

La crema batida doblada en mascarpone y chocolate es como una mousse de chocolate instantánea. Las frambuesas son un complemento dulce y picante.

1 pinta de frambuesas

1 a 2 cucharadas de azúcar

2 cucharadas de licor de frambuesa, cereza o naranja

3 onzas de chocolate agridulce o semidulce

1/2 taza (4 onzas) de mascarpone, a temperatura ambiente

2 tazas de crema batida o espesa fría

Virutas de chocolate, para decorar

1. Al menos 20 minutos antes de que esté listo para hacer el postre, coloque un bol grande y las batidoras de una batidora eléctrica en el refrigerador.

2. Cuando esté listo, mezcle las frambuesas con el azúcar y el licor en un tazón mediano. Dejar de lado.

3. Llene una olla pequeña con una pulgada de agua. Llevar a fuego lento a fuego lento. Coloque el chocolate en un recipiente más grande que el borde de la olla y coloque el recipiente sobre el agua hirviendo. Deje reposar hasta que el chocolate se derrita. Retirar del fuego y revolver el chocolate hasta que quede suave. Deje enfriar un poco, unos 15 minutos. Con una espátula de goma, doble el mascarpone.

4. Retire el tazón frío y las batidoras del refrigerador. Verter la nata en el bol y batir la nata a alta velocidad hasta que mantenga su forma suavemente cuando se levantan los batidores, unos 4 minutos.

5. Con una espátula, doble suavemente la mitad de la crema en la mezcla de chocolate, reservando la segunda mitad para la cobertura.

6. Vierta la mitad de la crema de chocolate en ocho vasos de parfait. Capa con las frambuesas. Vierta la crema de chocolate restante. Cubra con la crema batida. Adorna con las virutas de chocolate. Servir inmediatamente.

Tiramisu

Tiramisu

Rinde de 8 a 10 porciones

Nadie está muy seguro de por qué este postre se llama "recógeme" en italiano, pero se supone que el nombre proviene de la sacudida de cafeína que proporciona el café y el chocolate. Si bien la versión clásica contiene yemas de huevo crudas mezcladas con mascarpone, mi versión no tiene huevo porque no me gusta el sabor de los huevos crudos y encuentro que hacen que el postre sea más pesado de lo necesario.

Savoiardi (bizcochos crujientes importados de Italia) están ampliamente disponibles, pero se pueden sustituir los bizcochos de bizcocho o las rebanadas de bizcocho simple. Si lo desea, agregue un par de cucharadas de ron o coñac al café.

1 taza de crema batida o espesa fría

1 libra de mascarpone

1/3 taza de azúcar

24 savoiardi (bizcochos italianos importados)

1 taza de café expreso preparado a temperatura ambiente

2 cucharadas de cacao en polvo sin azúcar

1. Al menos 20 minutos antes de que esté listo para hacer el postre, coloque un bol grande y las batidoras de una batidora eléctrica en el refrigerador.

2. Cuando esté listo, retire el recipiente y las batidoras del refrigerador. Verter la nata en el bol y batir la nata a alta velocidad hasta que mantenga su forma suavemente cuando se levantan los batidores, unos 4 minutos.

3. En un tazón grande, mezcle el mascarpone y el azúcar hasta que quede suave. Tome aproximadamente un tercio de la crema batida y, con una espátula flexible, dóblela suavemente en la mezcla de mascarpone para aligerarla. Incorpora con cuidado la nata restante.

4. Sumerja ligera y rápidamente la mitad del savoiardi en el café. (No las sature o se desmoronarán). Coloque las galletas en una sola capa en un plato para servir cuadrado o redondo de 9 × 2 pulgadas. Vierta la mitad de la crema de mascarpone.

5. Sumerja el savoiardi restante en el café y colóquelo en una capa sobre el mascarpone. Cubra con el resto de la mezcla de

mascarpone y extiéndalo suavemente con la espátula. Coloque el cacao en un colador de malla fina y agítelo sobre la parte superior del postre. Cubra con papel de aluminio o envoltura de plástico y refrigere de 3 a 4 horas o durante la noche para que los sabores se puedan fusionar. Se mantendrá bien en el frigorífico hasta 24 horas.

Tiramisú de fresa

Tiramisù alle Fragole

Rinde 8 porciones

Aquí hay una versión de fresa del tiramisú que encontré en una revista de cocina italiana. Me gusta incluso más que la versión de café, pero prefiero los postres a base de frutas de todo tipo.

Maraschino es un licor de cereza italiano claro, ligeramente amargo, llamado así por la variedad de cerezas marasche. El marrasquino está disponible aquí, pero puede sustituirlo por otro licor de frutas si lo prefiere.

3 pintas de fresas, lavadas y peladas

1 1/2 taza de jugo de naranja

1/4 taza de marrasquino, crème di cassis o licor de naranja

1 1/4 taza de azúcar

1 taza de crema batida o espesa fría

8 onzas de mascarpone

24 savoiardi (dedos italianos de dama)

1. Reserva 2 tazas de las fresas más bonitas para decorar. Pica el resto. En un tazón grande, combine las fresas con el jugo de naranja, el licor y el azúcar. Deje reposar a temperatura ambiente durante 1 hora.

2. Mientras tanto, coloque un tazón grande y las batidoras de una batidora eléctrica en el refrigerador. Cuando esté listo, retire el recipiente y las batidoras del refrigerador. Verter la nata en el bol y batir la nata a alta velocidad hasta que mantenga su forma suavemente cuando se levantan los batidores, unos 4 minutos. Con una espátula flexible, doble suavemente el mascarpone.

3. Haga una capa de bizcochos en un plato para servir cuadrado o redondo de 9 × 2 pulgadas. Vierta la mitad de las fresas y su jugo. Unte la mitad de la crema de mascarpone sobre las bayas.

4. Repita con una segunda capa de bizcochos, fresas y crema, extendiendo la crema suavemente con una espátula. Cubra y refrigere de 3 a 4 horas o durante la noche para que los sabores se puedan fusionar.

5. Justo antes de servir, corte las fresas restantes en rodajas y colóquelas en filas en la parte superior.

Bagatela italiana

Zuppa Inglese

Rinde de 10 a 12 porciones

"Sopa inglesa" es el nombre caprichoso de este delicioso postre. Se cree que los cocineros italianos tomaron prestada la idea de la bagatela inglesa y agregaron toques italianos.

1 Anillos Vin Santo o 1 bizcocho (12 onzas) comprado en la tienda, cortado en rodajas, de 1/4 de pulgada de grosor

1/2 taza de mermelada de cereza ácida o frambuesa

1 1/2 taza de ron oscuro o licor de naranja

2 1/2 tazas cada uno Crema pastelera de chocolate y vainilla

1 taza de crema batida o espesa

Frambuesas frescas, para decorar

Virutas de chocolate, para decorar

1. Preparar el bizcocho y las cremas pasteleras, si es necesario. Luego, en un tazón pequeño, mezcle la mermelada y el ron.

2. Vierta la mitad de la crema pastelera de vainilla en el fondo de un tazón para servir de 3 cuartos de galón. Coloque 1/4 de las rebanadas de pastel encima y unte con 1/4 de la mezcla de mermelada. Coloque la mitad de la crema pastelera de chocolate encima.

3. Haz otra capa de 1/4 de la mezcla de bizcocho y mermelada. Repita con la crema de vainilla restante, 1/4 de la mezcla restante de pastel y mermelada, crema de chocolate y el resto de la mezcla de pastel y mermelada. Cubra bien con plástico y refrigere por lo menos 3 horas y hasta 24 horas.

4. Al menos 20 minutos antes de servir, coloque un tazón grande y las batidoras de una batidora eléctrica en el refrigerador. Justo antes de servir, retire el bol y las batidoras del frigorífico. Verter la nata en el bol y batir a alta velocidad hasta que mantenga su forma suavemente cuando se levantan los batidores, unos 4 minutos.

5. Vierta la crema encima de la bagatela. Adorne con frambuesas y virutas de chocolate.

Sabayón

Rinde 2 porciones

En Italia, zabaglione (pronunciado tsah-bahl-yo-neh; la g es silenciosa) es un postre dulce y cremoso a base de huevo, que a menudo se sirve como tónico para fortalecer la fuerza de alguien que sufre de un resfriado u otra dolencia. Con o sin enfermedad, es un postre delicioso solo o como salsa para frutas o pasteles.

La zabaglione debe ingerirse tan pronto como esté preparada o puede colapsar. Para preparar zabaglione con anticipación, consulte la receta dezabaglione frío.

3 yemas de huevo grandes

3 cucharadas de azucar

3 cucharadas de Marsala o vin santo seco o dulce

1. En la mitad inferior de una caldera doble o en una cacerola mediana, hierva a fuego lento aproximadamente 2 pulgadas de agua.

2. En la mitad superior del baño maría o en un recipiente resistente al calor que quepa cómodamente sobre la cacerola, bata las yemas de huevo y el azúcar con una batidora eléctrica

de mano a velocidad media hasta que esté suave, unos 2 minutos. Incorpora el Marsala. Coloque la mezcla sobre el agua hirviendo. (No permita que el agua hierva o los huevos se revolverán).

3. Mientras se calienta sobre el agua hirviendo, continúe batiendo la mezcla de huevo hasta que esté de color amarillo pálido y muy esponjoso y mantenga una forma suave cuando se deje caer de los batidores, de 3 a 5 minutos.

4. Vierta en copas altas y sirva inmediatamente.

Zabaglione de chocolate

Zabaglione al Cioccolato

Rinde 4 porciones

Esta variación de zabaglione es como una rica mousse de chocolate. Sírvelo tibio con crema batida fría.

3 onzas de chocolate agridulce o semidulce, picado

1/4 taza de crema espesa

4 yemas de huevo grandes

1/4 taza de azúcar

2 cucharadas de ron o licor de amaretto

1. En la mitad inferior de una caldera doble o en una cacerola mediana, hierva a fuego lento aproximadamente 2 pulgadas de agua. Combine el chocolate y la crema en un tazón pequeño resistente al calor colocado sobre el agua hirviendo. Deje reposar hasta que el chocolate se derrita. Revuelva con una espátula flexible hasta que quede suave. Retirar del fuego.

2. En la parte superior del baño maría o en otro recipiente resistente al calor que quepa sobre la cacerola, bata las yemas de huevo y el azúcar con una batidora eléctrica de mano hasta que esté suave, aproximadamente 2 minutos. Incorpora el ron. Coloque la mezcla sobre el agua hirviendo. (No permita que el agua hierva o los huevos se revolverán).

3. Batir la mezcla de yema hasta que esté pálida y esponjosa y mantenga una forma suave cuando se deja caer de los batidores, de 3 a 5 minutos. Retirar del fuego.

4. Con una espátula de goma, incorpore suavemente la mezcla de chocolate. Servir inmediatamente.

Zabaglione frío con frutos rojos

Zabaglione Freddo con Frutti di Bosco

Rinde 6 porciones

Si no desea preparar zabaglione justo antes de servir, esta versión fría es una buena alternativa. El zabaglione se enfría en un baño de agua helada y luego se dobla en crema batida. Se puede hacer hasta con 24 horas de anticipación. Me gusta servirlo sobre bayas frescas o higos maduros.

1 receta (aproximadamente 1 1/2 tazas) Sabayón

³1/4 taza de crema batida o espesa fría

2 cucharadas de azúcar glass

1 cucharada de licor de naranja

1 1/2 tazas de arándanos, frambuesas o una combinación, enjuagados y secos

1. Al menos 20 minutos antes de que esté listo para hacer el zabaglione, coloque un tazón grande y los batidores de una batidora eléctrica en el refrigerador. Llene otro recipiente grande con hielo y agua.

2. Prepare el zabaglione a través del paso 3. Tan pronto como el zabaglione esté terminado, retírelo del agua hirviendo y coloque el recipiente sobre el agua helada. Con un batidor de varillas, batir el zabaglione hasta que esté frío, unos 3 minutos.

3. Retire el tazón frío y las batidoras del refrigerador. Vierta la nata en el bol y bata la nata a alta velocidad hasta que comience a tener una forma suave, aproximadamente 2 minutos. Agrega el azúcar glass y el licor de naranja. Batir la nata hasta que adquiera una forma suave cuando se levanten los batidores, unos 2 minutos más. Con una espátula flexible, doble suavemente el zabaglione frío. Cubra y enfríe en el refrigerador por lo menos 1 hora hasta que esté listo para servir.

4. Divida las bayas en 6 platos para servir. Cubra con la crema de zabaglione fría y sirva inmediatamente.

Gelatina de limón

Gelatina di Limone

Rinde 6 porciones

El jugo y la ralladura de limón hacen que este postre sea ligero y refrescante.

2 sobres de gelatina sin sabor

1 taza de azucar

2 1/2 tazas de agua fría

2 (2 pulgadas) tiras de ralladura de limón

2/3 taza de jugo de limón fresco

Rodajas de limón y ramitas de menta, para decorar

1. En una cacerola mediana, mezcle la gelatina y el azúcar. Agrega el agua y la ralladura de limón. Cocine a fuego medio, revolviendo constantemente, hasta que la gelatina se disuelva por completo, aproximadamente 3 minutos. (No permita que la mezcla hierva).

2. Retirar del fuego y agregar el jugo de limón. Vierta la mezcla a través de un colador de malla fina en un molde o tazón de 5 tazas. Cubra y enfríe hasta que cuaje, 4 horas hasta toda la noche.

3. Cuando esté listo para servir, llene un recipiente con agua tibia y sumerja el molde en el agua durante 30 segundos. Pasa un cuchillo pequeño por los lados. Coloque un plato sobre el molde y, manteniéndolos juntos, inviértalos para que la gelatina se transfiera al plato. Adorne con rodajas de limón y ramitas de menta.

Gelatina de Ron Naranja

Gelatina di Arancia al Rhum

Rinde 4 porciones

La crema batida con aroma a ron es un buen acompañamiento. El jugo de naranja sanguina funciona mejor aquí.

2 sobres de gelatina sin sabor

1/2 taza de azúcar

1/2 taza de agua fría

3 tazas de jugo de naranja natural

2 cucharadas de ron oscuro

Rodajas de naranja, para decorar

1. En una cacerola mediana, mezcle la gelatina y el azúcar. Agrega el agua y cocina a fuego medio, revolviendo constantemente, hasta que la gelatina se disuelva por completo, aproximadamente 3 minutos. (No permita que la mezcla hierva).

2. Retire del fuego y agregue el jugo de naranja y el ron. Vierta la mezcla en un molde o tazón de 5 tazas. Cubra y enfríe hasta que cuaje, 4 horas hasta toda la noche.

3. Cuando esté listo para servir, llene un recipiente con agua tibia y sumerja el molde en el agua durante 30 segundos. Pasa un cuchillo pequeño por los lados. Coloque un plato sobre el molde y, manteniéndolos juntos, inviértalos para que la gelatina se transfiera al plato. Adorne con las rodajas de naranja.